JN303457

ライブラリ ソーシャルスキルを身につける 4

Social Skills For Parents on Child Rearing from Infants to Teenagers

親子のための
ソーシャルスキル

渡辺弥生
著

サイエンス社

「ライブラリ ソーシャルスキルを身につける」刊行にあたって

私たちは人間関係の中に生まれてきます。生まれた瞬間に親子関係やきょうだい関係があり、成長に伴って友人や恋人との関係が始まり、夫婦関係を築き、老いを迎え、そして人間関係の中で死んでいきます。

その人間関係が希薄になったと言われています。人間関係で深く傷ついたという話も多く耳にするようになりました。人との関係がうまく始められない、始まった関係を維持できない、深められない。そういう人が増えているのではないでしょうか。

このライブラリは、ソーシャルスキルの観点から、人間関係にどのように対処したら良いのか提案したいという意図から生まれました。ソーシャルスキルとは、人とつき合うために必要な技術です。このライブラリでは、具体性のある実行可能な物の考え方や行動の仕方を紹介します。

人間関係の傷を癒し、私たちに喜びを与えてくれるのも人間関係です。皆さまが、このライブラリでソーシャルスキルを身につけて、人間関係を上手に開始し、維持し、発展させて、実り豊かなものにしてくださることを願ってやみません。

2003年11月

監修者　相川　充

はしがき

「親になる」とは、いったいどういうことなのでしょうか？　この本を書きながら改めて考えることになりました。自分が「親」として日々していることは、どこからどのように身につけてきたのかという自問自答もありました。

「子ども」が誕生すると、愛してやりたい、危険から守ってやりたい、丈夫に育てたい、……といったさまざまな感情から織り成された強い愛情がわき上がってきます。と同時に、自分にやれるのかといった自信のなさが頭をもたげてくることもあるかと思います。「親になる」ためのスキルが不十分なため、どうしてよいかわからない状況に出くわすたびに、自信を失ってしまうことも少なくありません。

「親になったんだから責任をもって」「お母さんなんだからもっと注意して」「お父さんなんだからしっかりして」といった励ましや叱責は、いつの時代も若い親たちにかけられる言葉だと思います。こうした言葉は、本来なら、親として身を正し、毅然とした姿勢を導くものですが、現代の若い親にとってはときに何をすればよいのかがわかりにくく、逆に自信を失わせる言葉になるように思います。

こうした原因の一つは、私達が親になるまでに、家庭においても社会においても、「子ども」としてすごす期間がかなり長くなってしまっているからではないでしょうか。しかもその長い期間に自分より小さい子どもと接する機会が少なくなっています。唯一つのモデルである「親」もこの忙しい現代社会でモデルとして十分に機能していなかったり、地域社会の人も他所《よそ》の子どもに対しては無口になりました。よけいなことを言ってもうるさがられるだけ、といった雰囲気が社会に蔓延しています。

子育てのスキルは、料理のレシピ、仕事のマニュアル、と同一に考えるべきではないかもしれません。ですが、子育てにも具体的なもの、知っておきたいものはやはり同じようにあるように思います。これは、けっして目標でも結果でもありません。子育てのプロセスにこれだけは！という必要なスキルなのです。

それ以上のことは、まさに各親の創意工夫でどんどん個性的な子育てをされるとよいと思います。こうした具体的なスキルとして記述することのできない大切なことはたくさんあると思います。

この本は、まず第1章で、親として子どもにかかわるうえで「ソーシャルスキル」の考え方がいかに大切かを述べました。また、生涯発達の中で基本的なスキルとしてあげられるものを第2章にまとめ、第3章以降は、乳児期、幼児期、児童期、思春期・青年期の各発達段階の特徴とおさえていただきたいスキルを説明しました。そして、最後の章で、親自身がストレスをためないためのスキルを紹介しています。第1章と第2章をまず読んでいただいて、後はお子さんの年齢に応じた章を読んでいただければよいのですが、発達は積み重ねでもありますので、それ以外も目を通していただけるとありがたいです。

この本の執筆のお話を東京学芸大学の相川充先生からいただいたのは、一年以上も前ですが、親のソーシャルスキルを考えるにあたり、本当にいろいろな試行錯誤がありました。スキルという単位をどのように考えた方がよいのかどうかという迷いもありましたが、発達心理学研究の知見から知っておいた方がよいと思われるもの、具体的な行動で示すことのできるもので、有用だと考えられていることは貪欲に載せることにしました。こうした執筆の過程は自分自身を見つめるきっかけにもなりました。相川先生からは思いやりのあるアドバイスをいただくこともでき、ようやく形になりました。ありがとうございました。

また、サイエンス社編集部の御園生晴彦さん、清水匡太さん、扇谷文子さんには、方向づけや、表現など細部にわたってこまめに検討していただき、とても読みやすい形にしていただきました。イラストについては、法政大学文学部の卒業生で、事務助手をつとめていた星雄一郎君に各時期の温かな親子の姿を描いてもらいました。ありがとうございました。こうして、「はしがき」を書いていると、生まれてからこの方、両親をはじめ数えられないくらい多くの人から、ソーシャルスキルを教えていただいていたことに気がつきました。未だ学びの半ばですが、皆様に心より感謝いたします。

本書が、子育てにかかわる親御さんはじめ多くの方々に少しでもお役に立つことがあれば、これに勝る喜びはありません。

二〇〇五年五月六日

渡辺弥生

目次

3章　乳児期の発達と必要なソーシャルスキル……99

目　次

5章　児童期の発達と必要なソーシャルスキル……163

7章　親がストレスをためないための、8つのソーシャルスキル……235

1章　ソーシャルスキルの大切さ

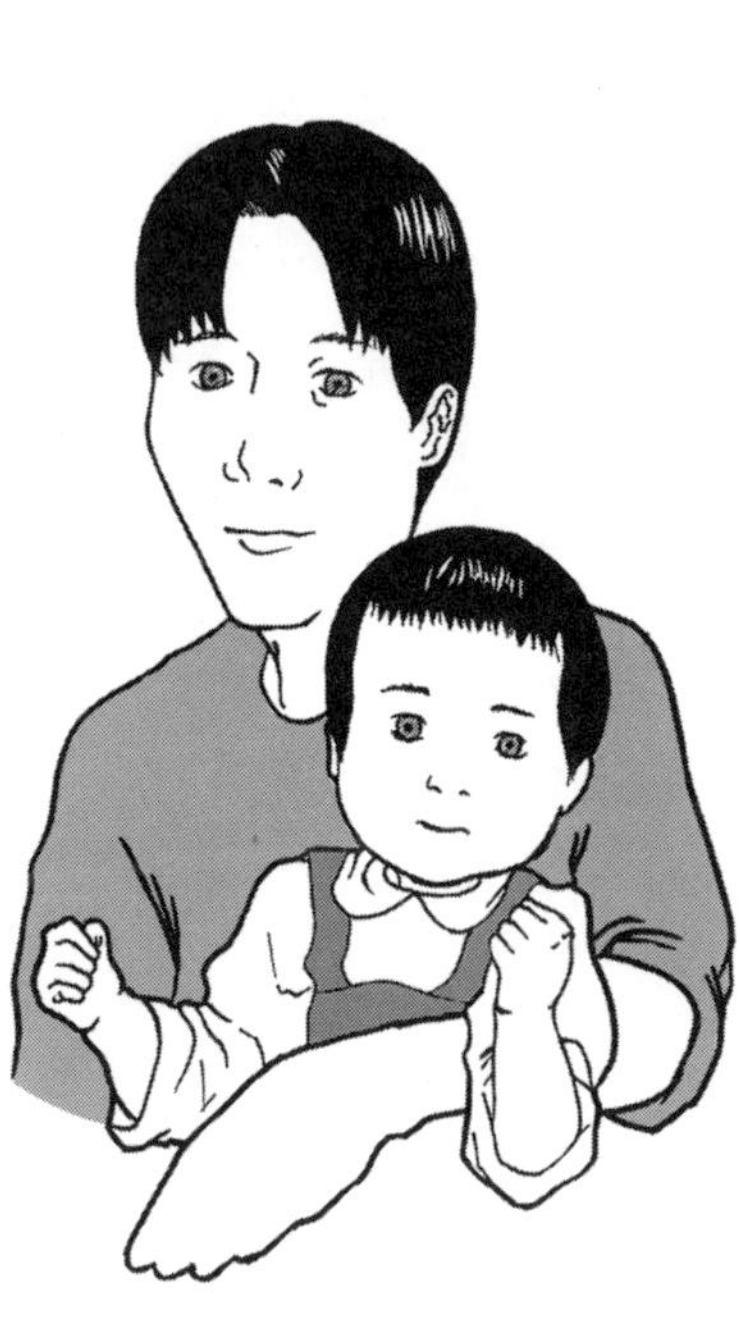

1 ソーシャルスキルとは

親子のためのソーシャルスキル

ここのところ、新聞の社会面に目を通していると、「虐待」「育児不安」の文字が目に飛び込むことが少なくありません。わが子をたたいてしまう、子どもといるとイライラする、世間からとりのこされたような気持ちがする、といった心の訴えが多いようです。原因は単純ではないでしょうが、子どもが生まれてすぐにつまずいてしまっている親子は少なくありません。良い親になりたいという焦りからか、子育てについての周囲の人の支援の乏しさのせいか、24時間休みなしの子育てに疲れ果ててしまう親——主にお母さん方——が多くなったように思います。

核家族が当たり前になって、また価値観の変化などもあって、世代を通じた子育ての折々における「こつ」のようなものが継承される機会がなくなってきたように思われます。親という仕事のあり方を改めて知る時代になってきたのかもしれません。
近年、心理学では「ソーシャルスキル」という概念が注目されています。直訳すると社会的技術、ですが、よりわかりやすくは「人間関係に関する技能」と言うべきものです。

第二次大戦後しばらくは、大家族や地域社会の中で親も子もたくさんの人とのかかわりを通してこうしたソーシャルスキルを身につけてきたように思われます。しかし高度成長期を経た豊かさの追求は、急速な都市化、核家族化を促進し、21世紀の今、私達は思いもよらない少子化社会に直面するようになってしまいました。このような社会の変化は、様々な面において人間関係の希薄化を生み出しています。これが子育てにも多大な影響をもたらしているのです。こうした時代背景から、現代の親子は積極的にこのソーシャルスキル――人との円滑な関係を獲得・維持する方法――を学んでいく必要性があります。

親には、子どもが大きくなって社会で独り立ちしていけるように、言葉や価値観、ルールなどを教える「社会化」の役目があります。特に、人間の子どもは、他者の助けなしには生きてはいけない状態で生まれてきます。人間としてのすばらしい能力を備えているものの、他者からのサポートがなければそうした能力を発揮できないばかりか、将来、社会で生活するための学びを得られないのです。

子どもは、まず人間社会で必要な、食事、排泄、睡眠、着脱衣、清潔などの基本的生活習慣を身につけます。また、友達やいろいろな人と出会い、あいさつや言葉かけ、規則について教わり、他者とコミュニケーションしていくなど基本的な人づきあいの技術、「ソーシャルスキル」を身につけていきます。こうしたソーシャルスキルの獲得には、親が子どもの発達に応じて少しずつ身につくよう伝えていかなければならないのです。

こうしたソーシャルスキルの欠如や不足は「キレる」子どもや友達関係をうまく築けない子どもを生み、自分自身だけでなく周囲を悩ませる原因になります。そして、場合によっては子どもの孤立化、いじめの発生、その他多くの問題行動につながる可能性があります。

人生にはいくつかの達成すべき発達課題があり、子どもにそうした課題をクリアさせていくことが、親の重要な役割と考えられます。そのためには、まず、親自身が基本となるソーシャルスキルを身につける必要があります。なぜなら、子どもは、親からさまざまなことを学び、親の「姿」から豊かな心を学ぶのですから。

これさえ知っておけば

この本は、親になるためのマニュアルではありません。子育てにマニュアルがあるなら、どの時代の親もきっと苦労はしなかったでしょう。おびただしい育児書が世に出る必要もないはずです。父親、母親それぞれに個性があり、そうした違う個性をもった夫婦が協力して育てるわけですし、そこに生まれた子どもがそのまた別個性であることを考えると、子育ては単純なマニュアルで扱えることではないでしょう。常に、試行錯誤があり、葛藤があり、悩みは避けられないものと言えます。また、このような体験を乗り越えるからこそ、「親になって人間として成長できた」という気持ちを多くの親がもつのだと思います。

ただし、まったくの手探りで無謀なことをするよりは、すでに明らかになっている知識や経験を理解し利用したほうが、よいのではないでしょうか。十人十色と言っても、親子のかかわりに普遍的に存在する知恵があるなら、それをベースにする方が賢明だと思うのです。

たとえば、夜道を歩くのに、やみくもに手探りで暗闇を歩くのは危険です。あらかじめ、地図や懐中電灯を用意し、上手に使うことができれば不安は少なくなります。また、散歩を楽しむ余裕さえ出てくるものです。

この本では、主に親御さんのために、そうした心がまえや、子どもとかかわるためのソーシャルスキル、さらに親が子どもに教えるべきソーシャルスキルを、わかりやすく解説することに心がけました。冒頭から不安をかきたてるようなことを書いてしまいましたが、この本の最大の目的は、親御さんに子育てを楽しむヒントを伝えて、人と人との間で生き生きとすごす子どもの姿を見守ってもらうということです。

親子のかかわりで「これさえ知っておけば」というソーシャルスキルがあれば、子育ては実に変化に富み、生きるうえで心を豊かにする経験に満ちあふれています。悩むことでさえも、親子とも双方の成長にとって有益な、大事なことであると考えられるようにもなるのです。

2 子育ては一歩ずつ

スキルアップの喜び

スポーツが楽しいのは、基本的なルールとスキルアップする喜びがあるからでしょう。ルールがなければめちゃくちゃになってしまいますし、スキルがなければゲームを楽しむことができません。ルールを飲み込んで、スキルを獲得していくことによってゲームができるようになり、展開を楽しめるようになるのです。

いろいろな作戦や工夫によって、一度も同じ展開がないのと同様に、基本的なソーシャルスキルを学びさえすれば、ユニークで多様な親子関係を展開することができるのです。

親になることは、競争ではありません。だれでも、親になる前は知らないことだらけです。ですから、知らないことを恥ずかしいと思うことはまったくありません。ただ、学べばよいのです。経験がないなら何度も練習すればよいのです。

現代の親子事情とソーシャルスキル

教育の機会や教育を受ける期間は、時代とともに多く、そして、長くなっています。しかし、「親になること」を学習する機会はほとんどありません。最近は身近に赤ちゃんを見る機会もなければ、子どもを生むまでは抱っこしたこともないという親が増えています。

学校では、赤ちゃん、幼児、児童、思春期、青年期の子どもたちをどのように育てればよいかなどの授業はほとんどありません。また最近は、家庭で祖父母、親から伝達されることも少なくなってきました。

きょうだいも少ないうえ、核家族化で近隣との結びつきが弱い社会では、身近にモデルを見る機会も失われています。親自身も、仲間同士で遊ぶ機会が少ない時代に育っており、相談する友達もいない状況で親になることが少なくありません。すなわち、人間関係を築くソーシャルスキルや子育てのスキルが不足しているのです。

したがって、ソーシャルスキルを積極的に学んでいこうという前向きなスタイルをつくっていくことが大切です。知らないことは大事な学ぶ機会を得ることです。

さあ、ソーシャルスキルのレパートリーを広げ、自分と子どもの世界を豊かにしていきましょう。

2章　基本的な親子のためのソーシャルスキル

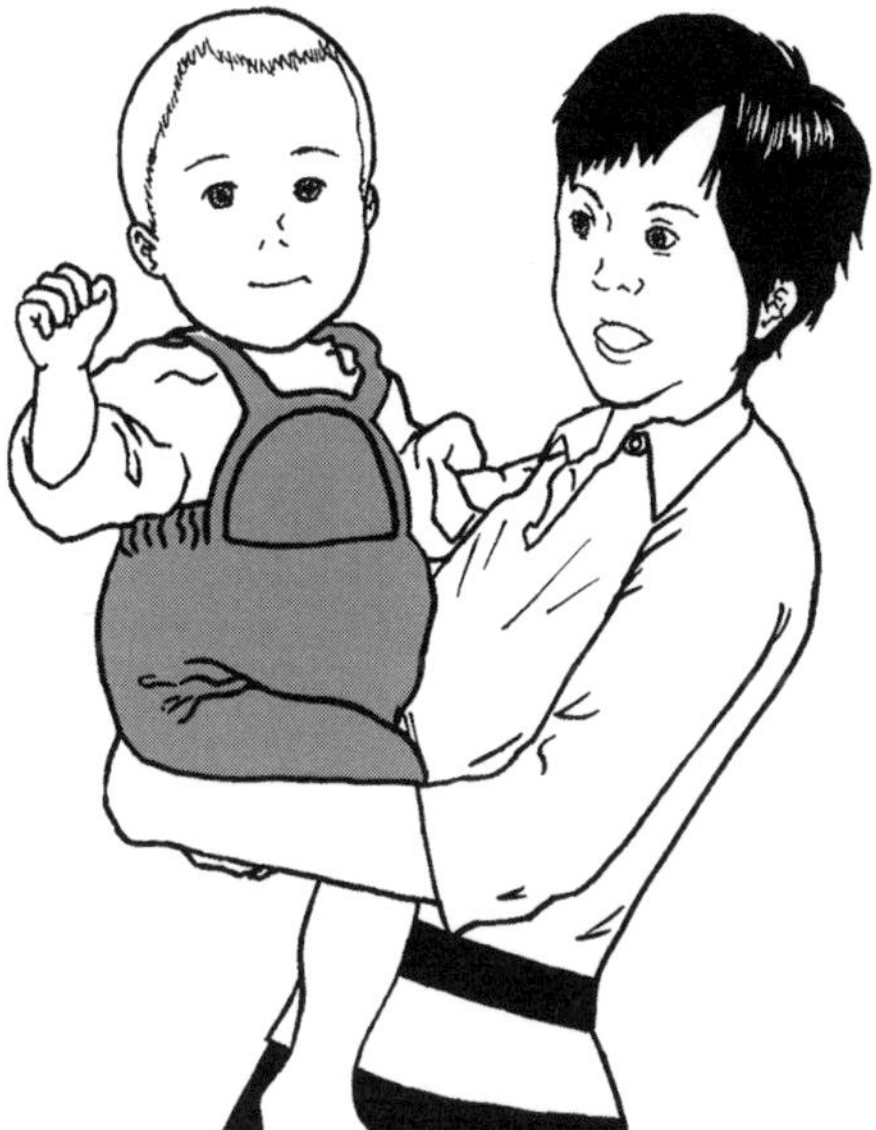

1 3つの基本スキル

親が責任をもって教える

どんな年齢になっても、人とのかかわりで悩むことは多いものです。世の中には本当にいろいろな人がいます。自分以外の人とかかわり、共生していくうえでさまざまな葛藤を体験することは避けられないことです。

そもそも、悩むことは、その時点では苦しいことですが、人間が成長していくうえでは大切なことです。悩むからこそ、今まで気づかなかったことや知らなかったことを新たに学ぶことができるのですから。

でも、私達、親は子どもを育てるうえで、あらゆるトラブルから子どもを守ってやりたいという気持ちにかられることがあります。転ぶ前に手を差し出してやりたいと思ったりします。しかし、いつでもどこでも安全を確保してやることには限界があります。何でも手助けをしていると、子どもは自分自身で困難を乗り越えていく力を身につけることができなくなります。

後の解説を読み進めていただくとわかる通り、ソーシャルスキルとは特別なものではありません。他の人と社会で一緒に生きていくために必要なもっとも基本的で教えることのできる知識や行動であり、生きるためのエッセンスです。こうした人と円滑にかかわっていくために必要な知識や行動(非言語的な行動である、表情や身振り手振りを含む)は、生まれてから発達する中で親、祖父母、友達、先生、地域の人たちによって少しずつ教わっていくものなのです。放っておいて身につくものではありません。

まずは親が責任をもって教えていく必要があります。

スキル 1-1　ソーシャルスキルの必要性を伝える

子どもにソーシャルスキルを教えるためには、まず、親自身がソーシャルスキルの必要性を理解する必要があります。人とかかわるのは難しいことですが、そうした困難こそ人とかかわっていくために大切なことを学ぶよい機会です。ソーシャルスキルを学ぶことで、**人とのかかわりが楽しくなる**チャンスが広がるのです。

親が、こうしたソーシャルスキルの必要性を納得できれば今度は、機会があるごとに子どもに伝えていきましょう。子どもが特に悩んでいないときやリラックスしているときには、何かエピソードを交えながら、押し付けがましくなく伝えることが大事です。

また、子どもが対人関係で悩んでいるときは、その状況に応じたソーシャルスキルについてアドバイスをするチャンスです。子どもの目線で、子どもの気持ちを受け止めながらきちんとかかわってやりましょう。

スキル1-2　話をしてきたときはよく聞く

子どもが他のお友達の悪口や不満を話したときは、よく聞いてやりましょう。頭ごなしに、「そんなこと言っちゃだめ」とか「お友達なんだから仲良くしなさい」といった態度は、子どもにとっては話を聞いてくれていないのと同じことです。

まず、子どもの不満や悲しみ、イライラ、そうした気持ちに応えてやります。気持ちを理解して、興奮が鎮まったら、事実関係を整理してやりましょう。子どもは順序だてて起こったことを整理するのが苦手です。

たとえば、「あなたが、＊＊＊の気持ちで○○したのに、お友達は無視したんだー。それは、悲しかったね」とわかってあげるのです。そのうえで、お友達はなぜそうしたのか、子どもはどうしたいのか、といった子どもの思いを探りながら**一緒に考えていく姿勢**を示してやります。そのプロセスにおいて、子どもに、そのお友達とけんかしてさよならしてしまうこともできるけれど、トラブルを乗り越えて、よりよい友達関係にしていくことが大切なことに気づかせましょう。

スキル1-3　考える枠組みを伝える

子どもの気持ちはお友達に伝わったのかどうか（表現が適切であったか）、伝わったとしたら、お友達はどうしてそんなことをしたと思うか（相手の気持ちの解読）、を考えさせたうえで、**どのような行動**を今後とればよいか、**具体的に考えさせて**みることが大切です。

年齢によっては、こうした思考のプロセスをなかなか踏めない場合もあるでしょうし、反抗期の子どもは親からのかかわりをうるさがる場合もあるでしょう。無理強いして聞かせるまでもありませんが、だからといって、放っておくのはどうかと思います。

　また、子どもはうるさがって聞いていないように見えて、実は意外と心の中では「なるほど」と思っていたりします。部屋に戻って頭を冷やせば理解してくれたりするものなのです。むだだと思わず、繰り返しこうしたかかわりを重ねていくことが必要です。

2 目標づくりのための3つのスキル

こういうふうな子どもに育ってほしいと思うことはたくさんあると思います。やめさせたい問題行動や、問題と言うほどではないけれど、もうちょっとこうしてほしいと思う行動も生活の中ではいろいろあると思います。

その際に、できるだけ具体的な行動として考える方が効果的です。

スキル2-1 目標は具体化する

親の期待は、しばしば大きくなりすぎます。それが、子どもにとっては耐え難いプレッシャーになることが少なくありません。

たとえば、幼児期ではお母さんは早く友達と遊べるようになることを期待しすぎるところがあります。子どもがたくさんいるところに連れて行き、「ほら、お友達と遊びなさい」と背中を押すことが多いようです。もちろん、わーいと遊べる子もいますが、親から離れるのが不安でしり込みしてしまう子も少なからずいます。そんなとき、「早く友達をつくりなさい」、「何でお友達と遊ばないの！」とプッシュすると親と離れることによる子どもの心細さ（分離不安）はますます強くなります。はじめはあまり焦らず、「だんだん、だれか一人と遊べればよいわ」と**具体的に考える**方がうまくいきます。

同じように、「部屋をかたづけなさい」といった注意をするよりも、「おもちゃをこの箱の中に入れようね」という方が、わかりやすいですし、実際の行動を導くことになります。年齢が大きい子どもに対しても、たとえば、「渋谷に遊びに行っちゃだめ」というよりは、「渋谷のこのあたりは危険だから行かないように」といった伝え方をする方が、子どもはよく理解するものです。

スキル 2-2　目標は達成できるものにする

目標が本人のできそうなレベルからかけ離れていると子どもは意欲を失います。結果的に、実行できないために叱られ、無気力になったり反抗的になります。目標はそもそも子どもが成し遂げられるものを選ぶ必要があります。子どもの実力よりもかなり高い目標を与えて強制しても、子どもはなからやる気を出すことができません。

たとえば、いつもテストで六〇点あたりをとっている子に、「一〇〇点が目標よ」と言っても、やる気にならないでしょう。しかし、現実には、目の前の子どもの様子や力をよく見ずに、親の理想を期待してしまうことがよくあります。子どもの現状を無視して、他の子と比べたり、無謀に高い目標や夢をかかげさせても、結果としてやる気を失わせるだけなのです。

たとえば、次の例は、子どもから望ましい行動を引き出せるでしょうか。

例1…じっとしているのが一五分せいぜいの子に、おもちゃも何ももたせずに一時間以上電車に乗せ、「静かにしなさい」と叱る

例2…指がまだ上手に使えないのに、はしをもたせて、こぼすと叱る

例3…約束という意味がわからず三〇分前の記憶も定かでない子に、スーパーにつく一時間前から約束させ、忘れていると「お菓子買わないって約束したじゃないの！」ときつく叱る

例4…勉強が嫌いな子を何時間も部屋から出さない

いずれの例も、まず子どもの力を理解してあげることが必要です。一五分のがまんが限界だったら、一時間以上は単純に考えても難しいものです。ましてや、時間の概念も時計の見方もわからなければなおのこと。がまんは限界を超えてしまうものです。

例1では、いくつかのおもちゃや絵本などをもって行って相手をする、がまんできそうでないときは電車を降りて気分転換させてあげることもあらかじめ覚悟しておく、新幹線など個室が借りられる場合は借りる、電車はやめて車にする、など子どもの発達や状況に応じて親が工夫することが必要です。

例2については、指がまだ器用に使えない間は、まず楽しんで食べることを第一として、少しくらい汚しても周りにシートをひくなどして、食べることに興味をもたせます。親指と人差し指で上手に何かをつまめるようになったら、はしをもたせて興味をもたせていくことからはじめるなどします。

例3だったら、どうするとよいでしょう。スーパーへ買い物に行くからといって、出がけに「今日はお菓子はだめだよ、約束だよ」と言っても、スーパーまで一時間かかるようだったら、子どもの年齢によっては忘れることだってあるのです。約束するなら、スーパーの入り口でしましょう。約束の意味がわからない場合には、お母さんが望むことを子どもにわかるようにわかりやすく伝えてやることです。

例4の場合、勉強が嫌いな子を何時間も部屋に入れておいても、事態は変わりません。ましてや、年齢が大きい子であれば、部屋で何をしているのか想像もつきません。勉強が嫌い、と大きくひとくくりしてしまうのでなく、すべての教科が嫌いなのか、好きな教科ならやる気があるのか、本人が好んでやることについて理解してやりましょう。苦手な勉強は何が原因で嫌なのかもっと知ってあげるとよいと思います。目の前にいる子どもの実力（手助けしないで自力でできる程度）をよく見てやります。他の子どもはこうだとか、一〇歳だと普通はといった基準ではなく、その子の特徴をよく知ってやります。

いつも六〇点台の子どもには、七〇点台をめざすように、一五分しかじっとできない子は二〇分という具合に、その子が**今よりもうちょっと**がんばればできそうな目標を考えてやります。そのうえで、少しがんばるようにサポートして、できたときに達成したことをたたえてあげましょう。

スキル 2-3　プロセスを評価する

　こうした具体的にできそうな目標をかかげて、がんばればできるという経験が積み重なってくれれば、やる気が出てきます。将来的には、親のサポートがなくても自分で自分のベースラインを評価して目標を設定し、自己強化できるようにしていきます。そのためには、ベースラインを決めて、目標を設定するときに、できるだけ具体的に本人自身が考えられるようにもっていきます。「いつ」「どこで」「だれに」「何を」「どうする」といった情報を入れるようにします。

　たとえば、「お友達にあやまりなさい」と言うよりも「明日（時間）学校に（場所）行ったら、朝のうちに（時間）お友達（だれに）のところに行って「ごめんね」と言う（行動）といいよ」と言った方が、子どもの行動を導きやすいものです。大人の期待する目標はしばしば抽象度が高すぎて、何をすればよいのかわからない、といったことが多いからです。

3 子どもをほめる4つのスキル

ほめ上手になるのは、なかなか難しいものです。「三つ叱って七つほめよ」と言ったりしますが、感覚的にはわかっていても現実にはどうしたらよいのか、悩むものです。せっかく目標をたてて励ましても、その後どうなったか放りっぱなしでは子どものやる気は失せてしまいます。また、やたらほめていても、「ほめる」効力が失われていきます。がんばれているかどうか、成果が上がっているか、きちんと見てやることが大切です。

では、子どもがやる気を高め、親からの愛情を感じるほめ方はどうすればよいのでしょうか。親自身は、ほめているつもりでも、もしかしたら、子どもはそのように感じていないことがあるのではないでしょうか。ほめるスキルについて具体的に考えてみましょう。

スキル3-1　子どもが喜ぶことを考える

子どもの年齢や、性格、趣味によって、子どもが喜ぶことは違ってきます。そのため、まずは、子どもが喜ぶことについて考えてみましょう。

親の気分しだいでほめ、ごほうびも親がよいと思っているものを与えるだけでは、実は、子どもは喜んでいないということがよくあります。ごほうびは、やりすぎもよくありませんが、適度であれば、小さい子どもには効果はあります。

また、年齢が大きくなるにつれて、ものにつられて何かをやるよりは、周りの人にほめてもらえることや評価されることがうれしくなるものです。

★チェック　あなたのお子さんが喜ぶことはどれでしょうか？

子どもによって、年齢によって、いろいろなごほうびが考えられますが、がんばってやりとげたときには、子どもが望むごほうびを考えてやると効果があります。たとえば左のようなものです。他にもお子さんが喜ぶことがないか考えてみましょう。

□シール、ステッカーがもらえる
□親と一緒にいられる
□夜遅くまで起きていられる
□おやつをもらえる

□ゲームを三〇分してよい
□ビデオを借りに行く
□おこづかいをもらえる
□マンガや本を買ってもらえる
□旅行や映画に連れて行ってもらえる
□テレビ番組を選べる
□決められた手伝いを一つしなくていい
□外食に行くときに店を選べる
□（　　　　　　　　　　）
□（　　　　　　　　　　）

スキル3-2　心からほめたいことをほめる

気まぐれにほめたり、心からほめていない場合には、害があっても効果はないものです。子どもは、自分に関心がないことや、表面的にほめているだけだといった親の本音を鋭く感じとるものです。親が本当に喜んでくれているか、魂胆があってほめてくれているかを感じとってしまうのです。

子どもは、親の非言語的な行動（表情や身振り手振り、声など）を観察する力に長けています。ですから、子どもの様子をよく見て、ここぞというときには心からほめてやってほしいものです。そのためには、**気まぐれではなく**、ふだんから心がけていることが必要ですし、すごい！と心から思ったことは出し惜しみなく表現しましょう。

スキル3-3　よいと思ったら、すぐにほめる

ほめすぎると甘やかしていると感じてしまうのか、日本人はほめることを抑えがちです。また、かなり時間がたってから、ほめる場合がありますが、これは効果がありません。時間がたってほめられても感激は冷めてしまいます。子どもの行動が「よかった」と思った**そのときこそ**、親のほめたい気持ちが高まっているわけですから、後で思い出してほめるよりも非言語的なコミュニケーション力には大きな違いがあります。

気持ちのこもったほめ方をしてやるためにも、よいと思ったらすぐにほめましょう。ほめるのが苦手な人は、簡単なほめ言葉が、口をついて出るように、英会話のようにふだんから口ずさむことがいいようです。「すごいね！」「やったね」「いいよー」「う

まい、うまい」「グッド」「すごーい」……。日本語でもたくさんありますね。

スキル 3-4　リソースを見つけてあげる

生活の中で、ついつい子どもの悪い面ばかり見がちですが、「性格」は考え方しだいです。人によっても見方はずいぶん違います。悪い面で見てしまうと、ずーっとその枠組みで見てしまう傾向が強くなりますし、子どもにも伝わります。「どうせ自分は、…の性格だから」といった考え方にさせ、劣等感をもたせてしまうのです。ほめられることも少なくなり、悪い面を見つけては叱られるということになってしまうのです。親の方も子どもの性格のせいにして、「あの子は…いう性格だから」とかかわる努力を放棄したり、支援の手をゆるめてしまうことになりかねません。

しかし、見方を変えて**リソース（よい資質）**として見るようにすると、ほめる機会も増えますし、本人も自分に自信をもてるようになります。たとえば、行動がのろい、という目で見てしまうと、やることなすこと、スローで困るととらえがちになります。でも、「温厚だ」「落ち着いている」「考えて行動している」ととれば、そういう面を生かしてやりたくなるものです。

行動というのは、見る人によって相対的なもので、てきぱき行動的な人から見ればスローでも、のんびりとした人が観察すれば「てきぱきしている」ということだってあるのです。少し視点を変えて、ポジティヴにとらえてみましょう。

★チェック　パッと浮かぶ自分の子どもの行動、性格や特徴をあげてみましょう。

（　　　　　　　）（　　　　　　　）
（　　　　　　　）（　　　　　　　）
（　　　　　　　）（　　　　　　　）

Q１　ポジティヴにとらえていましたか？
Q２　ネガティヴにとらえる行動があがったら、見方を変えて考えてみましょう。
　たとえば、
●ひっこみ思案→慎重
●おせっかい→面倒見がよい
●落ち着きがない→活発
●がんこ→責任感がある
●でしゃばり→積極的

Q3　右で書いたよくない特徴をよい特徴として考えてみましょう。

（　　　　　）（　　　　　）

（　　　　　）（　　　　　）

（　　　　　）（　　　　　）

このように、ポジティヴにとらえてみるとどうでしょうか。悪い面を見つけてやっきになって変えようとするよりも、リソースを伸ばしてやるようにすると、子どもは生き生きとしてくるものです。

4 モデリングに関する2つのスキル

モデリングとは

子どもは、親をよく見ています。親子連れを見ていると次から次へと親のまねをしている子どもの様子をよく見かけます。言葉も、親が言った言葉を繰り返しています。「あそこにワンワンがいるね（親）」「ワンワンがいるね（子）」という具合です。ですから、親は常にモデルとなっていることを意識していることが必要です。

小さいときは親の表情や行動を見て善悪を学んだり、危険かどうかを判断したりしています。特に、**親の表情**は子どもにとって重要なサインです。

こうした学習のしかたは、「モデリング」あるいは「観察学習」と呼ばれます。モデルがほめられたり、叱られたりしているのを、子どもは注意して見ています。モデルが体験した状況を記憶にとどめて、別の場所や時間で今度は自分がモデルのした行動をやってみたりするのです。そのときに、ほめられるとその行動を自分の行動レパートリーの中に入れて、それ以降も繰り返し行うようになります。これに対して、モデルが叱られたりすると、その行動はしなくなるものです。

スキル4-1　学んでほしいことのモデルになる

ふだん何気なくしている親の行動を上手にまねるわけですから、それを利用すれば積極的にたくさんのことを学ばせることができます。たとえば、歯磨き、食事前の手洗い、挨拶、読書、さまざまな行動をまず親がモデルとして実践します。

いやいややっているように見えてはいけません。親自身がその行動を楽しくやります。ときには、ただ行動するだけでなく、モデルとなる行動の意味を説明したり、「やってごらん」と促してもよいと思います。

スキル4-2　モデルを利用する

ビデオやテレビの中の、さまざまなキャラクターの行動をモデルとして教えてやるのも効果的です。キャラクターのしたことを「あれはすばらしいことね！」とか「これは、○○だからやっちゃだめだよね」といったコメントは、子どもにとって有効なものです。

アメリカの映画館に行くと、映画のタイトルのわきに「G」とか「PG」とありますが、「G」（General）はだれが見てもよい映画のことを示します。「PG」（Parental Guidance）は、親の同伴があれば見てもよいということです。

映画を見ていても、親からのコメントが何もないと、子どもは良い悪いは抜きにして、強いもの、かっこいい行動をまねしがちです。親がきちんとコメントを与えることは、行動そのものではなく、その行動の見方、たとえば、「あんなことすると人の迷惑になるわね」と説明することで、ある行動を「迷惑な行動」としてとらえるように促すことになります。すなわち「認識の枠組み」を与えることになるのです。ですから、大好きなキャラクターを利用して、善悪やソーシャルスキルを教えましょう。

5 コミュニケーション能力を育てる4つのスキル

トラブルは性格のせい？

子どもの友達関係がうまくいかないとき、その子の性格のせいにしてしまうことがよくありませんか。「あなたは内向的なんだから」とか「乱暴な性格だから」といったように、子どもの性格を責めがちになります。

しかし、性格という見方をしてしまうと、どこか固定的な見方が強く、性格を変えることは難しいという感じを与えます。そのため、子どもは性格のせいにされると、どうしてよいのかわからず、自己嫌悪になったり、そんな性格にしたのは親のせいだと反抗的になったりします。性格という見方は、一貫性、持続性を仮定する言葉ですから、いったん性格のせいにされると、そのレッテルをなかなかぬぐうことができないのです。

たとえば、友達関係がうまくいかないときに性格をなじったりせず、子どもの具体的な行動をよく見て、問題となる行動を変えると他者からの印象や評価が変わることに気づかせます。頼まれたとき「『いや！』と言わないで、『ごめんね』と言うといいよ」、といったアドバイスをあげます。自分のちょっとした行動しだいで友達の受け止め方が違うことを具体的に教えてやりましょう。

スキル 5-1　子どもの行動をチェックする

まず、子どものコミュニケーションの様子を観察してみましょう。子どものいろいろな面が見えてくることと思います。

★チェック　次の項目について観察してみましょう。

□しゃべるときに、相手の目を見る
□相手がしゃべっているときに、身体を相手の方に向けている
□相手がしゃべっているときに、あいづちを打っている
□相手がしゃべったり、聞いたりするタイミングを与えている
□しゃべっているときの話し方は穏やかである
□相手に質問をして、相手に関心がある態度をとっている

□しゃべっているときに適当に身振り手振りをしている
□自分からときどき話題を提供できる
□電話で話ができる
□何か話をしているとき、適切な意見や質問ができる
□「すごいね！」など相手を支援する言葉を用いる

どうでしたか？　まだうまくできないところがあったら、そこができるようにサポートしてあげましょう。話すだけではピンとこないこともあるでしょうから、少し演じてみたり、ビデオやテレビの登場人物を見て、教えてあげるといいですね。

スキル5-2　視線をあわせるやりとりをする

視線をあわせると、相手がどのような気持ちでいるかを知ることができます。しゃべる方は、ついつい、自分のしゃべりたいことや自分の気持ちでいっぱいのため、相手がその話を聞こうとしてくれているのか、興味がなさそうなのか、相手がしゃべりたいと思っているのかといった手がかりを見落としがちです。

そのため、相手からの退屈サイン（うつむいている、他の方を見たりしている、し

ゃべりかけている、時計をチラチラ見ている、など）に、気づかずに、しゃべり続けてしまったりするのです。ですから、しゃべるときはできるだけ相手と視線をあわせるようにしましょう。**相手の気持ち**を考慮することができますし、聞く側にたてば、視線をあわせることによって、話し手に、自分の話を聞いてくれているといった信頼感を与えることができます。

親子でしゃべるときも同様です。子どもが親の顔をよく見ているか、しゃべっているときはどうかといったことを見てやり、「そういうときは、お父さんのお顔を見て」といったように、アドバイスしてあげましょう。

スキル5-3　上手な聴き方を教える

上手に話が聴けるということは、相手の話をよく理解しようと努める姿勢が大切です。相手は、自分の方を見ているだけでなく、身体をあちらこちらに動かさずじっと耳を傾けている様子で、**口をはさまずに**自分の話し終わるまで待っていてくれる様子を求めています。

さらに、ときどきうなずいたり、「ああそうだね」といった言葉を表現したり、相手の話について質問したり、それにかかわる意見を言ってくれることも相手にとってはうれしいことでしょう。

こうした、会話のキャッチボールをうまくできるようになるために、まずは親子で練習しましょう。

子どもが話したことに対して、「ふーん」「そうなんだ」と言葉をはさんだり「それで、どうしたの？」と親がモデルとして質問したりして、会話を続けることが有効です。子どもの話していることに興味を示す表情を示してやることも、間接的に上手に聴く態度を伝えます。

★チェック　上手な聴き方についてチェックしましょう。

□相手を見る
□身体をあちこち動かさない
□相手が話している途中でさえぎらない
□ときどきうなずいたり、「わかるよ」と受け止める
□相手の気持ちを繰り返す（例　……でイライラしたんだね）
□質問する

スキル 5-4 話す内容を考える

人の話を聴くことも大切ですが、話す内容を考え出すことも必要です。見たり、聞いたりしたことをエピソードとして話したり、自分の気持ちや考えを相手にわかりやすく伝えるスキルを育てていかなければなりません。その練習として、小さいときから会話を**ゲーム**のようにして楽しむとよいでしょう。

幼児や小学校低学年であれば、お話ごっこなどのかたちで、だれかがしゃべった後、「はい、バトンタッチ」という感じでそのお話の続きを次の人が勝手につくっていく、というゲームをしたり、「むかしむかし……」とおとぎばなしごっこをしたりなど、しゃべることが楽しくなるやりとりをして遊びます。

インタビューごっこも子どもは大好きです。「何で、のび太くんはあそこで泣いちゃったと思うかな？」「○○くんだったら、どうしたと思う？」といったように、相手に質問をして答えてもらいます。二、三問質問したら、次は交代して質問をする役になります。

こうした遊びを通しても、聞いたり話したりといった交代を経験し、お互いに自分をわかってもらう、相手を理解する練習になります。また、こうしたコミュニケーションが必要なことを感じるようになります。

　思春期になると、それまではよくしゃべっていた子も急にぶすっとして話さなくなることがあります。ですが、だからといって話しかけることは無意味なことではありません。話しかけたり質問することは関心を示すことですし、コミュニケーションのはじまりです。

　この頃は、表面的には親の話をうるさいといったような態度を示しながら、その実、親のエピソードに関心をもっていたりします。ですから、子どもから話をしなくても、親はおしゃべりでいましょう。親からのメッセージだけでもきちんと伝える努力が大切です。

6 相手の気持ちを理解する7つのスキル

最初は少しずつ

人とうまくかかわっていくためには、相手の気持ちを理解する力が不可欠です。大人になっても、親子、親友など親しい間柄でさえ相手の気持ちを想像することは難しいものです。ましてや、子ども達にとってはなおさら難しいことです。

ですから、すぐに相手の気持ちを理解できることを期待しすぎないでください。いろいろな関係を体験し、子ども自身の思考力や記憶力、学習能力などの発達とともに徐々に理解できるようになるものです。

ただし、放っておけば勝手にそうした力が身につくわけではありません。相手の気持ちを考えることの大切さや、相手の気持ちを考えながら自分のかかわりを考えていくことの必要性について、親が生活の中で少しずつ教えていくことが大切なのです。

スキル6-1　人とのかかわりに関心をもたせる

子どもとしゃべるときに、「さっきおとなりにいたお友達は何ていう友達だっけ?」とか「運動会で一緒に走った子はだれだった?」「今日は、学校でお友達とどんな話をしたの?」といった質問をして、人とのかかわりに関心をもたせるようにします。食事などで「今日、○○さんに久しぶりに会って楽しかった!」など、**人にかかわるエピソード**を親が話すのは、子どもにも「私も話そうかな」という意欲を刺激するものです。

スキル6-2　表情に注目する

相手の気持ちを理解するうえで、表情は重要な手がかりです。うれしい顔、悲しい顔、怒った顔、驚いている顔など、相手の表情から気持ちを察することができます。そのためにも、**相手の表情**をよく見るように促してやりましょう。

また、「お友達は、どんな顔している?」「ノンタンのお顔はどんな顔?」というように、絵本を利用して、聞いてみるのもよいでしょう。こうした表情を読み取る力は

図1　表情をあててみよう（渡辺・瀧口，1986）
例「怒っているお顔はどれかな？」

五歳になればほぼできるようになりますが、意外と、表情を誤解したり、注目していない子もおり、友達の気持ちを読めないことから結果として、クラスなどでトラブルメーカーになることがあります。

ただ相手の表情を理解してなくても叱るのはよくありません。まだ、スキルが未熟なだけですから、教えてやることです。何度も繰り返して経験することが大事なのです。お父さん、お母さんがはっきりした表情をしていないことが原因になることもあります。「だめだよ」と注意しているのに、顔は怒っていなかったり。こうした態度は子どもを混乱させるもとです。表情と言葉を一貫させてしっかり、メッセージを伝えるようにしましょう。

★チェック　図2のお話の主人公の表情を図1の表情を使ってあてさせてみましょう。

① お家のそばに住んでいた仲良しのお友達が遠くへ引っ越して行ってしまいました。もう一緒に遊べません。

Q　太郎君はどういうお顔をするかな?

② お花の種をまいて、毎日一生懸命お水をあげました。朝起きて、お水をあげようと思ったら、ちゃんと芽が出ていました。

Q　太郎君はどういうお顔をするかな?

図2　主人公の表情をあててみよう（渡辺，1995）

スキル6-3　相手の気持ちを考えさせる

表情がわかるようになったら、どうしてそんな気持ちになったか聞いてみます。「どうして、お友達は泣いているの?」「あのね、お友達におもちゃをとられたから」といったように、相手の気持ちをそれなりに推測できるようになります。

必ずしも大人が考えるような答えでないときもありますが、「それは違う」と叱ってはいけません。相手の気持ちを考える力は、発達段階を追って獲得されていくものです。

まずは、自分の気持ちがわかるという段階から、自分と他人の気持ちが違うことがわかる、相手の表情や行動から気持ちをおしはかる、外に表す気持ちと内面とが違うことに気づくようになる、第三者の立場が想像できる、いろいろな人の立場に自分が立って想像できるようになる、といったように段階を追って発達していくのです。

ですから、まず、子どもの考えを聞いてやり、子どもの発達段階を受け止めながら、理解できるようなら**一つずつ**心についての知識を伝えてやります。たとえば、相手の気持ちが自分から推測できない場合には、「お友達も、そのおもちゃが大好きで遊びたかったんだね」といったように教えてやります。

また、親が怒ったり、笑ったりしているときも、教えるチャンスです。「どうして怒っているかわかる?」といったように、考える機会を与えていくことも意味があります。

スキル6-4　いろいろな気持ちを表す言葉を使う

気持ちを表すにも、相手の気持ちを感じとるにも、言葉は大きな手がかりです。人にはさまざまな感情がありますが、親がそうした感情に対して繊細な気持ちをもたなければ、子どもも他の人のいろいろな気持ちを区別することは難しいと言えます。

たとえば、あなたは気持ちを表す言葉をどれくらいふだん使っていますか。

悲しい、エーン、しくしく
怒っている、イライラする、ずるい、ぷんぷん、むかつく、悔しい
さびしい、ひとりぼっち、せつない、わびしい、孤独な、へこんだ
恐い、ぶるぶる、心臓どきどき、恐ろしい、チョーこわ
がっかり、ショック、ガーン、倒れそう
恥ずかしい、まずい、穴に入りたい、落ちこんだ

心配した、眠れなかった、身が細る思いがした
うれしい、だーいすき、やったー、わくわくする、かわいい
退屈、つまんない、おもしろくない、飽きた、やる気ない
驚いた、びっくりした、足がすくんだ、身の毛がよだった
疲れた、しんどい、くるしい、くたびれた
すごい、かっこいい、クール、えらい

全然言葉が思いつかない人、同じ言葉ばかり使っている人は、人間の気持ちに無頓着になっていないか、言葉を大切にしていないのではないか、といったことを反省して、人の気持ちが本当に多様なことをもう一度認識しましょう。

うれしさも、怒りも状況によって、同じ程度ではありません。怒りが小さいときは、コントロールする工夫ができるものですし、大きな怒りはそれなりの対応を考えなくてはなりません。相手の気持ちをなだめるためにどうすればよいか、自分の気持ちを相手に上手に伝えたり、抑えるためにどうしたらよいか、そうしたことを知るためにも、まずは**いろいろな気持ち**があることに気づくことです。

★チェック　気持ちを表す言葉を書き出してみましょう。
たとえば、「運動会」という言葉からどんな気持ちがイメージできますか？　次の図の空欄の中に思いつく気持ちを書いてみましょう。なかなか考えつかない人は、日ごろからいろいろな体験を意識するようにしてみましょう。

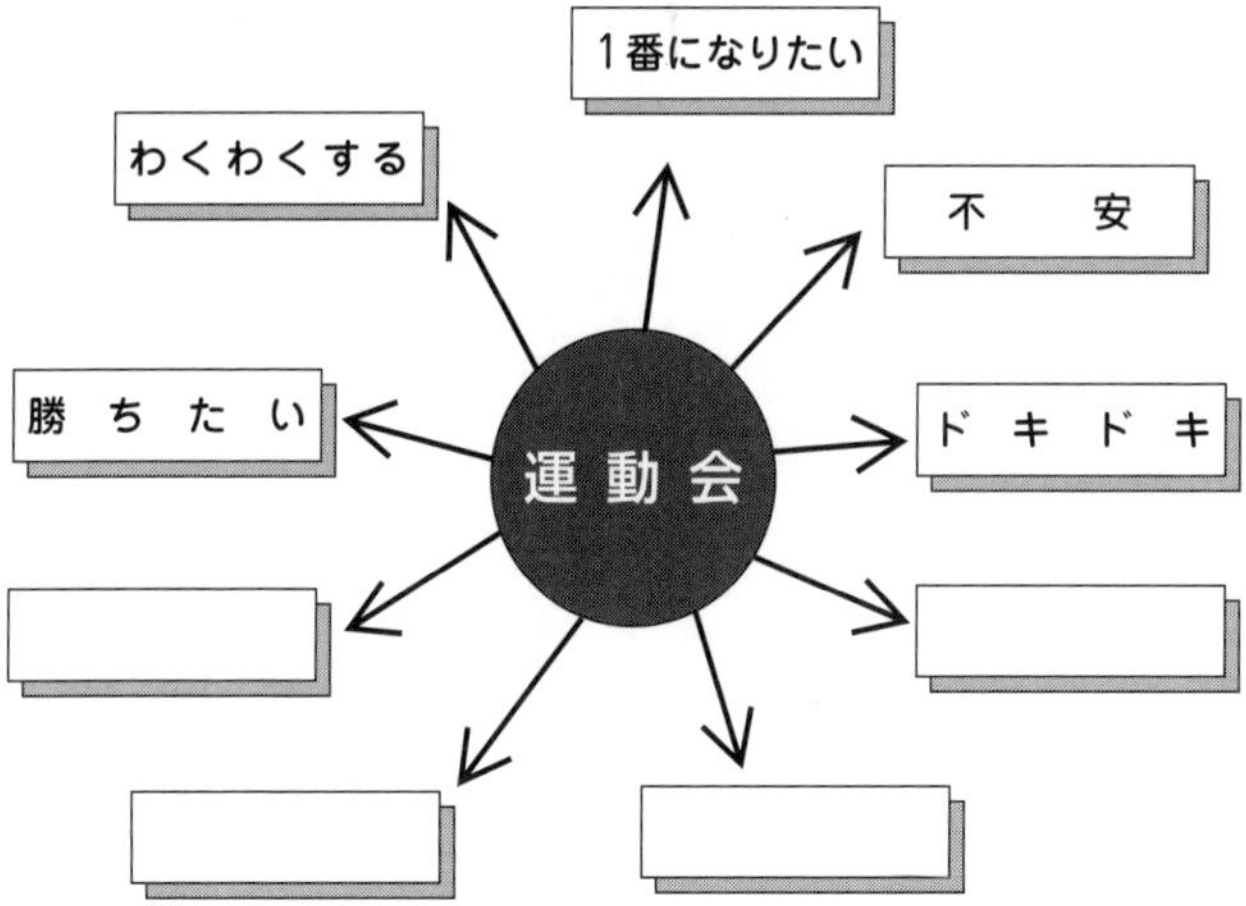

図3　言葉から連想される気持ちのイメージ

スキル 6-5 自分の気持ちを表す

自分の気持ちを表現できることは、相手の気持ちを理解することにもつながります。自分が怒っているとき、悲しいとき、鏡を見させる機会を与えてみてもいいですね。

相手から、からかわれたとき、「やめて」と言えるようにしたいものですが、それと同様に表情が伴っているとより効果的です。やめてと言いながらへらへらしていたり、笑っていたりすると、同じ年齢でスキルが未熟な相手は真意を読み取ることができません。そのため、いつまでも、繰り返しからかわれることになります。

遊びながらでよいので、怒った顔、悲しい顔など、うまく表現できているかどうかなど鏡で見たりして、嫌なときはこんな顔をしたらいいんだよ、ということを教えてあげましょう。また、子どもは、自分の気持ちを言語化するのは大人に比べると苦手です。「もっと遊びたかったんだね」「…で悔しかったんだね」と気持ちを代弁してやりましょう。しだいに、そういった言葉で気持ちを表せばいいことを知り、自分からできるようになります。

スキル6-6　ユーモア感覚を教える

人は、一つの状況で一つの感情だけを感じているわけではありません。いくつもの気持ちが入り交じっていることが多いものです。そのため、相手の気持ちを理解するのは本当に難しいことです。自分ですら自分がどんな気持ちでいるかに気づかないくらいです。そのため、一生懸命考えても、相手の気持ちを誤解することはよくあります。そんなとき、ユーモア感覚をもっていることは大切なことです。

「何で、そんなプリプリしてるの？」「笑ってよーん」など、まともに受け止めすぎず、**ちょっと気持ちをそらす**ことが有効なことが結構あります。みんながしらけているときでも、だれかのユーモアで救われることもあります。

また、失敗してもいいじゃない、いつでもパーフェクトじゃなくたって、といった気持ちも生きていくうえで重要な心の「遊び」ではないでしょうか。直球ばかりよりも、変化球を入れて緩急をうまく使い分けることは、人とのかかわりを豊かなものにするものです。

ただし、ユーモア感覚を育てるのは難しいことです。マニュアルがあるわけではありません。まずは、親がおもしろいものを見たり、聞いたり文化的なものに触れるとよいと思います。忙しい生活の中での余暇など「癒し」の意義を感じ、ストレスをためすぎない心の余裕が必要です。子どもとおもしろいテレビや映画を見たり、時間をつくって遊びに出かけて笑いましょう。だじゃれでも、何でも、食卓を囲みながら楽しい時間を共有しましょう。ときには、演劇や映画、音楽、コメディなどにお金をかけるなど、心へ投資することは、親自身の人生をも豊かにします。

スキル6-7　相手の言葉に注目させる

相手の気持ちを理解することは、相手の言葉を深く受け止めることでもあります。ときには、言葉は本音と違う場合もあり、言葉以外の表情や身振り手振りなどの非言語的な行動から真のメッセージを読み取る必要があります。

「大丈夫だよ」と言っても実は心配をかけまいとして言う場合もあります。その一方で、「言葉」そのものに真の気持ちがどっかりとこめられている場合もあります。

「やめてよ！」「お願い」「ストップ！」といった短いけど、**気持ちがこめられた言葉**にはすぐに反応できるようにすることも大切です。子どもが、相手が言ったことにきちっと反応できたときには、それを評価してあげましょう。

ミニ情報　思いやりを育成するプログラム

①　思いやり育成プログラム（ＶＬＦ　Voices of Love and Freedom）

これは、ハーバード大学のセルマンらによって開発された教育実践プログラムです。学校の道徳や総合的な学習の時間などで用いられていますが、エッセンスは家庭でも用いることができます（詳しくは、渡辺、二〇〇一参照）。

プログラムは４つのステップから構成されています。

ステップ１　親が自分の経験を子どもに話します。子どもの年齢に近い話がよいでしょう。たとえば、お子さんが中学生であれば「中学二年のときだったかな、お母さんと友達が……」といったように、友達関係のトラブルや楽しかったことなど、何でもよいから話します。そのときに、「だれがどのような気持ちでどんな行動をしたか」といった、主語をはっきりさせましょう。親の話は、子どもにとって「他の人にエピソードを話す」モデルとなります。親のことを身近に感じるきっかけにもなります。子どもが親の話に刺激されて自分の話をはじめたら、よく聞いてやります。

ステップ２　絵本などを使って、子どもがどのくらい登場人物の視点をとれるか、読み進めながら聞いてみましょう。主人公だけではなく、いろいろな登場人物の気持ちなどを尋ねてみます。子どもの理解のしかたを批判せずに聞いてやったうえで、こんなことを考えているかもしれないよ、と気づきを与えるようなやりとりをします。

対人理解を促す絵本にはいろいろありますが、第4章末のミニ情報を参考にしてください。パートナーインタビューと言って、「なぜ、このおさかなさんは、きらきらうろこをあげなかったの？」とか互いに質問しあうのもコミュニケーションのトレーニングになります。

◉読み聞かせるだけでも、子どもの成長によいことですが、右のようなアプローチをしないと、子どもは自分と似た登場人物（同一視しやすい人）や、かっこいいと思う登場人物にだけ心をよせるところがあります。少しずつ、自分と違った人に興味をもたせ、その心を理解できるようにかかわってやることが大事です。

ステップ3　物語の中で対人的な葛藤を経験できる場面を選んで、簡単なロールプレイ（後述）をするとよいと思います。お互いのやりとりの中で、売り言葉に買い言葉になってしまいやすいこと、どちらかの努力で仲直りできることなど、ちょっと思いやることで状況が変わってくることに気づかせましょう。

◉葛藤のエスカレーター

人が葛藤したり、イライラしているとき、それはしだいにエスカレートしていきます。はじめは、ポッとした火種だったのが、相手とのかかわりの中で、どんどん火柱が上がり大きくなっていくのです。ですから、火が大きくならないように、どこかで消し止めるスキルを考えないとだめなのです。そのためには、まず、葛藤にはプロセスがあることに気づかせ、火を消し止めるには、どこでどうすればよかったかについて話し合うとよいでしょう。最近の子は「キレる」と言いますが、よく見ていると短いながらもやはり葛藤のプロセスがあることがわかります。相対的には、そのエスカレーターが急すぎて、まるで理由もなく爆発したように思われるのではないでしょうか。難しくても、どのような葛藤の軌跡を描くのかよく見てやる必要があります（第5章でも触れています）。

ステップ4　物語を読んだ後、自分だったらという仮定で気持ちを書いたり（自分の視点を考える練習）、主人公に手紙を書かせたり（相手を思いやる練習）、物語の続きをつくる（複数の登場人物の気持ちを考えるなど、第三者的な立場を思いやる練習）、などをさせて、思いやる練習をします。書くジャンルによっていろいろな視点（相手の気持ち）を考える練習ができます。

②　ロールレタリング（役割交換書簡法）

これは、自分以外の立場に立って自分宛に手紙を書いてもらう方法です。たとえば、お母さんの立場に立って自分宛に手紙を書くことによって、お母さんの視点を見つめることができ、自分についても客観的にとらえることができるようになります。書くことは、考えるだけよりも、より冷静に見つめ直すことができ、思春期以降の子ども達にとっては有効な方法です。

③ ロールプレイ

日ごろから子どものトラブルやある行動にイライラしてしまって、がみがみどなったり、ときには手をあげてしまうとき、どうやって解決したらよいでしょう？

子どもが「いやだ、いやだ」と自己主張して、ちっとも話を聞かないとき、親はだんだんイライラしてきます。「言うことを聞きなさい」と言ってもさらに「いやいや」ということになると、気持ちが抑えきれず、手をあげてしまったり。いつも、堂々巡りです。やってしまってから、子どもにかわいそうなことをした、とか、自分のふがいなさに落ち込むことになります。

そんなとき、お友達などに相談してみましょう。そのとき、あなたが子ども役になって、「いやだ、いやだー」ってしたとき、お友達がどんな対応をするか、ちょっと聞いてみましょう。意外と、他の人のかかわり方を知って、自分では気がつかなかった方法がわかるものです。また、子どもの立場をとってみることで、子どもの気持ちに気づくきっかけにもなります。

7 自尊心や意欲を高める10のスキル

自信をなくしたら

子どもは成長するにつれていろいろなものにチャレンジしていきます。そして、自分の能力や長所を知ります。他方、自分の苦手なところや嫌いなところも見るようになり、小学校高学年になると劣等感が強くなります。

だれでも優越感にひたるときもあれば劣等感に傷つくことがあって当然なのですが、劣等感が強すぎると自尊心が低くなってしまいます。あまりに、自尊心が低くなると自分という主体に対して自信がもてなくなりますし、他の人を理解したりかかわっていこうとする意欲をも奪っていくものです。

失敗したり、うまくいかないことがあっても、それは小さな世界のある領域のことであって、自分が生きていること、すなわち、自分の存在をゆるがすようなものではないことを伝えましょう。

★チェック　自尊心についてチェックしてみましょう（ローゼンバーグ（一九六五）の尺度の一部）。

□すべての点で自分に満足しています
□自分にいくつかの長所があると思います
□みんながやできるくらいには、いろいろなことができると思います
□自分が少なくとも他の人と同じくらいは価値のある人間だと思います
□自分のよい面に目を向けるようにしています

どうですか？　自尊心が低いようであったら、以下で解説するスキルを用いて高めていくことが大切です。

スキル 7-1　得意なところを探す

どんな子にも得意なところがあるはずです。人と比べてめざましく得意なことでなくてよいのです。本人の思いの中で得意あるいは好きだと思っているものでよいのです。**得意と思う世界**をつくってやりましょう。

「この子は運動オンチ」とか「勉強がだめ」などとひとくくりにしていませんか。ひとくちに運動と言ってもいろいろな運動があります。

勉強にもさまざまな教科があります。また、教科の中にも、いろいろな領域があります。たとえば、国語には、読む、書く、話す、聞く、の領域がありますし、読む内容にも、小説、説明文などがあります。読み方にしても、朗読や音読、黙読などさまざまなものがあります。こうして細かく見てやると、どの子も得意なところは結構あるものです。裏返せば、すべてのことが得意な人は一人もいないと思います。

運動が得意な親は、子どもが運動に関心がないと、「この子はだめだな」と思いがちです。読書が好きな親であれば、本を読まない娘や息子は、「何で本を読まないんだ」とはがゆかったりするでしょう。つまり、親自身が興味をもっている領域で子どもの能力を測りがちになるのです。

しかし、子どもはりっぱな別人格です。ものさしは多種多様にあり、親が興味をもつものに子どもが必ずしも興味をもつとは限りません。子どもは子ども。たとえば、親が運動にかける熱い思いと同じ思いを、子どもは別のものに向けているのです。

ゆっくりでよいと思います。子どもが有能感をもてる世界を探してやりましょう。

スキル7-2　認めてあげる

大人から見ればたいしたことでなくても、子どもが自分で何かやろうとしたときや、がんばっているときは当然だと思わずに認めてあげましょう。大げさにほめなくてもよいのです。「すごいな」、「おもしろいこと考えたね」と関心をよせてあげるだけでよいのです。子どもは、お母さん、お父さんが関心をもってくれることが一番うれしいものです。

思春期をすぎて「ほっといてよ！」と言い放っても、本当にほっとかれることは悲しいものです。親の愛情をためしたい気持ちからの反抗も少なくありません。ですから、そんな手にのるものか、と子どもと同じレベルで対抗せず、子どもを大切に思っていること、心配だから干渉してしまうこともあること、など真意を伝えていく具体的な努力が必要だと思います。

見つめ返すだけでも子どもは親からの信頼を感じ取ります。子どもが何かをしたときに**親が応えてくれる**という確信（随伴性の認知）があれば子どもの意欲は高まるものです。

スキル7-3　自分で考えさせる

何を買うか、何を選ぶか、何でもかんでも親が先に決めてしまっていませんか。「どうする?」と聞かずに、「考えてないなら…にしなさい」といった調子で、押し付けていることもあるのではないでしょうか。その結果、子どもは自分でやらなくなります。やってもろくなことにならないから親の言う通りでいいや、という依存心が強くなります。

しかし、どの年齢でも、その年齢なりに意外と決断できるものです。大人と同じレベルで考えるのは難しいですが、子どものレベルで**解決する**ことができるのです。

たとえば、ものを友達と分ける場面では、五歳ぐらいでも自分達で解決しようとします。じゃんけんを提案したものの、じゃんけんの方法がわからず困ったり、誕生日が来たから自分がたくさんもらいたい、と大人から見れば自分勝手な意見を主張したりします。親から見れば心もとないでしょうし、ベストな解決ではないかもしれません。でも、子どもの世界では許されることもあるのです。

先走って答えを与えてしまうよりも、ちょっと子どものお手並みを拝見しようという気持ちが、子どもの自立心を促します。

スキル7-4　結果より、プロセスをほめる

「宿題が終わったら」、「よい点をとったら」、「掃除をし終わったら」…、ほめてやろうというのでは、子どもはいつまでたってもほめられないことになります。また、プロセスよりも何だかんだと言って結果が大事なのだという認識をうえつけることにもなります。

しかし、結果よりもプロセスが大切です。プロセスを強調することは、意欲を育てることにつながります。したがって、終わったときではなく、宿題にとりかかっているとき、テストに向けてがんばって**いるとき**、掃除をして**いるとき**に、「えらいね」と言ってやりたいものです。結果だけを重視（パフォーマンス目標）するより、プロセスを重視（マスタリー目標）する方が、息の長いチャレンジ精神を育てます。

スキル7-5　叱るときに禁句は言わない

「いつもこうなんだから」「だいたいにして、あなたは」「ほら、やっぱり」といった言葉は、親が叱るときに使いがちです。

こうした言葉を毎日シャワーのように浴びせかけられたらどうでしょう。子どもの

心の中にも「いつも自分は」「たいてい自分は」「やっぱり自分は」というネガティヴな思考の枠組みができてしまいます。

つまり、親は奮起するように叱っているのに、結果として逆の、自尊心の低い子を育ててしまうことになるのです。

★チェック　子どもを叱るときの言葉を書き出してみましょう。

「　　　　　　　　　　　　　　　　　　　」

「　　　　　　　　　　　　　　　　　　　」


これはちょっとな、といった禁句が入っていませんか。わかっててわざといじわるに言っちゃう、という方がいたら、それはもう親の勝手かもしれませんが、最後には親自身につけがまわってくると思います。

スキル 7-6　健全なセルフ・トークをさせる

言葉は相手とコミュニケーションするためだけでなく、自分に対峙《たいじ》して自分の興奮を抑えたり、難局を乗り越えるための「考える手段」として、心の中で用いられます。

「よし、いける」「やればできる」「落ち着けば大丈夫だ」「ねばればいける」といったように、自分を責めず、励ますことができるような**セルフ・トーク**（自分との対話）ができるようにしてやります。

そのためには、「もう、私できない！」と子どもが言えば「あなたなら、できる！」といったように、親がセルフ・トークに代わるような**声かけ**をしてやるとよいのです。

★チェック　セルフ・トークを考えてみましょう。

自分を励ますセルフ・トークはありますか。

「　　　　　　　　　　　　　　　　」

お子さんのセルフ・トークを知っていますか。

「　　　　　　　　　　　　　　　　」

スキル7-7　自分をモニターする

何か問題を起こしてから、ずっと後になって「ああだった、こうだった」と言っても、子どもはぴんと来ないもの。自尊心を高めるためには、自分のしたことが自分でモニターできるようにし向けていきましょう。

たとえば、午前中と午後に分けて、それぞれの時間帯にしたいことを決めさせ、できたら花丸シール、しなかったら残念シールなどをカードにはります。自分の行動を自分でチェックするくせをつけさせるのです。花丸シールがついたときには、ごほうびをあげたり、ほめたりして意欲を高めてやりましょう。

スキル7-8　失敗から学ばせる

自尊心の低い子どもは、失敗を恐れて難しい課題や新しい課題をすることをしり込みすることが多いものです。失敗は恥だとか悪いことだと思ってしまったり、人からどう見られるかを気にしすぎたりするのです。

ですから、親がまず失敗から学ぶことが多いこと、落ち着けばやりようがあることなどを教えていくことが必要です。そのためには、生活の中で親自身が失敗したときに「あ、失敗しちゃった。でも、こうすればいけそう」とか「あーあ、しかたがない、次があるさ」といったようにポジティヴに受け止める姿を見せましょう。子どもが失敗したときにも、「どんまい」とか「だれでも失敗するものよ」とか「失敗から学ぶことが多いのよ」といった言葉をかけてやります。

「失敗は成功のもと」ですし、「何もしないよりも人生において負けるという経験ができるだけでもすばらしい」という考え方はどうでしょうか？

スキル 7-9　エピソードを語る

親が子どものときの失敗談などを話してあげることは効果があります。

思春期や青年期にはどうしても自己嫌悪になることが多いものです。また、自分からあれこれと失敗談を話す意欲もなく、隠しがちです。一人で考えるので、どんどん悪い方向に考えて落ち込んでしまうこともあります。ですから、少し落ち込んでいるなと思ったら、押し付けがましくなく、**親自身が悩んだときの**話などをしてみてはどうでしょう。

そのときは、何のリアクションもないかもしれません。でも、子どもにとっては一つのモデルですし、親も自分と同じように悩んでいた時代があることがわかれば、安心できる気持ちもわいてくるものです。また、そうしたやりとりが親子のきずなを深くすることにもつながります。

スキル 7-10　エンパワーメント（力をつける）になる言葉を活用する

自尊心を高めるためにポジティヴな言葉かけをするためには、親自身の言葉や行動レパートリーをまず豊かなものにするべきでしょう。

一度、親が好きな言葉、自分が子どものときに親にかけられてうれしかった言葉、テレビや映画の中で使われていた好きな言葉など何でもいいので、どんどん書き出してみましょう。自分の傷を癒し、立て直し、力をパワーアップしてくれる言葉や表現は、人生の宝となります。

どんまい、どんまい！　ネバー、ギブアップ！

大丈夫、あなたならできるよ！　明日は明日の風が吹くって言うよ。

★チェック　次に好きな言葉や表現を書き出してみましょう。

「　」

「　」

「　」

「　」

8 ストレスに対処する9つのスキル

深刻にならないうちに

子どもも大人と同様に日々の生活においてストレスを感じています。ストレスというものが存在していることや、ストレスをためないようにしようという認識はないかもしれません。それだけに、知らず知らずのうちに心身ともに弱ってきてしまうのです。子どもは遊んでばかりいて、ストレスがないと思っているのは大間違いです。

したがって、親が子どもの様子をよく見てやって、ストレスが深刻にならないうちに対処法を教えてやったり、環境を変えてやることが必要に思います。子どもの視野は、人生経験が浅い分、狭いものです。自分のことは自分でと突き放しすぎないよう、サポートしてあげましょう。

スキル 8-1　ストレスのサインを読み取る

子どもは自分の気持ちや状況を伝える能力が大人に比べて未熟です。ましてや、自分でカウンセラーのところに行ったり、休みをとって自分のしたいようにすることもできません。そのため、**子どもの様子をよく見てストレスが多すぎないかをチェック**してやることが必要です。そのためには、ストレスがもとで生じているサインがないかよく見てやります。

★チェック　ストレスのサインを読み取りましょう。

□おなかが痛いとか、食欲がないとか、身体的な訴えが多い
□夜眠れない
□恐い夢ばかり見る
□イライラしている
□つめをかんだり、ものをなげたり、衝動的に行動している
□よく泣く
□集中力がない
□よくけがをする
□つっぱっている

子どもにとってストレスになる原因には、次のようなことがあります。
□生活が忙しい　おけいこごと、塾、宿題、お手伝いなど
□宿題が多すぎる、勉強することが多すぎる
□両親の期待が過剰
□親からしょっちゅう叱られること
□学校での嫌なこと（友達関係を含む）
□完ぺきじゃないといけないという考え
□勉強がわからない
□先生に叱られた
□自分のこと（容姿、学力、体型、能力）、など

スキル 8-2　ストレスを減らす

ストレスが何かがわかれば、少し気持ちが楽になります。できるだけ、ゆったりした時間をつくってやりましょう。生活の中でやることが多すぎるようであれば、減らしてあげましょう。

特に、小さいときにはいろいろなおけいこごとをすべて楽しくやりこなしていても、

知らず知らずにやることが多くなりすぎ、かと言って、親にやめたいとも言い出せず全体に調子が悪くなってしまうことがあります。

おけいこごとのそれぞれが、子どもの発達に応じて単純ではなくなり、難しくなります。小さいときには楽しい時間として与えられたものが、しだいに努力を要求する課題が多くなるものです。スイミングやピアノなど幼児期なら毎日通っているだけで先生に「上手ね」とほめられるでしょう。

しかし、小学生になれば「練習」や「努力」をしないと叱られるようになるかもしれません。さらに、中学生、高校生になれば練習の厳しさも倍増するかもしれません。しかも、学年が上がると学校のことも忙しくなります。友達と遊ぶ時間もほしくなります。その結果、すべてを両立させるのは、子どもにとっては大きなストレスになります。

せっかく長く習わせたのに、と親は残念かもしれません。しかし、子どもがストレスにつぶれてしまってはそれこそ、今までの努力が報われません。本人がやりたくなればいつでもはじめられるわけですし、**やる気**があってこその上達です。

無理な様子であれば、好きなこと、できそうなことだけを残して思い切って一度やめてみましょう。ただし、やめるときに「ほら、続けられなかった」とか「残念ね、うまくなれるのに」「こんなにお金をかけてあげたのに」といった挫折感や罪悪感を抱かせる言葉かけはやめましょう。

スキル8-3　目標を小割にして、サポートする

何でもすべてしなくてはならないと思うと、一つもできなくなるものです。子どもは計画する力がまだ未熟です。そのため、順番とか効率のよさを考えずに無鉄砲にチャレンジしようとします。

ですから、宿題などやることがたくさんあるときは、全部いっぺんにではなく、うまく小割にして、「それじゃ、最初の五問だけやってみよう」といったように、**子どもにとって楽な量**で切ってやるとよいでしょう。

気分転換ができるように飲み物をもっていったり、一緒にチャレンジするなど子どもの年齢や気持ちに応じて、おもしろくない時間ではなく、やる気が出る時間にシフトする工夫が必要です。

スキル8-4　ルールに厳しすぎない

テレビもだめ、ゲームもだめ、とルールの厳しい家庭がありますが、厳しすぎるのはかえって逆効果になることがあります。家で規制されすぎると、規制する人がいなければやってしまえ、といった反抗心も生じてきます。テレビの見すぎ、ゲームのやりすぎは、いろいろな面で悪い影響が生じることも予測されますが、重要なことは、コントロールする力を育むことです。

テレビやゲームもこの辺でやめておこうとか、勉強で疲れたから休憩しよう、といったように、子ども自身が自分の気分を転換させる道具としてうまく**調整する力**を育てることが大事です。こうした力は、ゆとりを与え、ストレスをほぐしてくれるものです。判で押したようなルールでなく、自分にメリハリをつけられる力を育むようにもっていきましょう。

スキル8-5　何もしていないように見える時間を大切にする

子どもがぼやっとベッドの上で寝そべっていたり、マンガを読んでいたりすると、親はすぐに「また、寝てる」といった具合で、「さぼり」と見なしてしまいます。

ですが、子どもも機械仕掛けで動いているわけではありません。勉強の合間や、ちょっと疲れたときにぼーっとしたいのです。そういう時間が、子どもにとっては大事な癒しの時間です。

ときに、そうしたくつろいでいる時間の中で、学んだことが結びついてきたり、よいアイデアが浮かぶこともあるのです。**干渉しない時間**をつくりましょう。

スキル8-6　親のストレスのはけ口にしない

夫婦喧嘩をしたり、親自身が困ったことがあると、子どもを相手に**ぐち**をこぼしがちです。特に、子どもが思春期になり大人の話がわかるようになると、「どう思う」「○○はひどい人だよ」といった、大人の世界のことをあれこれと子どもにすべて話してしまう場合があります。

ですが、子どもは大人ほど実際の経験があるわけではないですし、大人のもめごとを聞かされたくない心理もあると思います。また、親のストレスを受け止めるほど人生経験は豊かではありません。特に、家庭のごたごたは、ときに自分がいるからもめているのではないか、と自分のせいにしてしまい、人知れず、悩んでしまうこともあります。

等身大の親の姿を見せることが子どもに何かを教えることになるときもあるでしょうが、親のストレスのはけ口にすることが子どもの心の大きな負担となることもあるので注意しなければなりません。できれば、親のストレスは親自身で工夫して解決して、子どもには和やかな時間をつくってやりましょう。

スキル8-7　栄養、睡眠、適度な運動に気を配る

ちょっとしたストレスならはねかえすことができる気力や体力は、ふだんから栄養、睡眠、適度な運動をとっていることが基本です。免疫力が高ければ、ちょっとした風邪をひいても回復が早いものです。食事の時間を楽しいものとし、できるだけリズムよく早寝早起きを心がけましょう。

運動が嫌いな子でも、散歩などの適度な運動をすることはストレスの発散になります。子どもにとっては遊びの時間も、浄化（カタルシス）といって、ストレスを発散する時間です。栄養、睡眠、適度な運動を心がけている家庭もありますが、そういう**生活のリズム**をなくしている家庭もあるようです。

人間の欲求は、こうした生理的な欲求が満たされてこそ、より高い次元の欲求が出てくると言われています（心理学者マズローは、人間の欲求を、高い次元に向かって生理的な欲求→安全の欲求→愛情と所属の欲求→承認と尊敬の欲求→自己実現、といった順番で階層に分けています）。つまり、生理的な欲求や安全、愛情を求める基本的な欲求が十分満たされると、その後の人生で直面する困難に対しても安定や強さを失わなくなるのです。ですから、基本的な暮らしのリズムや質を大事にしましょう。

スキル8-8　サポートする

「自分を必要としてくれる人がいる」「自分が困ったときに助けてくれる人がいる」「自分は愛されている」と信じることができることは、ストレスをふきとばす重要な役割を示します。つまり実際に、そのような行動を親がすることよりもむしろ、子ども自身に、困ったときは必ず親はサポートしてくれるという、認識をもたせることがとても重要なのです。

サポートを受けていると理解している子どもはサポートしてくれる人がいないと思っている子どもよりも、ストレスが少なく、ソーシャルスキルが高くなります。ですから、常日ごろ、「何があっても味方だからね」、といったように、**子どもをサポートする存在であることをアピール**しましょう。

スキル8-9　リラックスする方法を教える

ゆっくり深呼吸することや、背中やおなかをさすってやるなどちょっとしたマッサージは子どもの気持ちを穏やかにします。絵本を読んだりするのでも、ひざに抱いて読んでやったりするとよいでしょう。

小学生や中学生でも、親子体操や肩に手をやったりといった**スキンシップ**は、子どもの気持ちをリラックスさせます。スキンシップは小学生までと考えないで、年齢に応じたスキンシップをはかっていきましょう。

9 問題解決のスキルを育てる5つのスキル

解決のための基本的スキル

生活していると実にさまざまな問題に直面します。そうした問題に直面したときに、どのように解決するかはその問題の後の展開を考えるうえで重要です。しかし、子どもはたいてい後先を考えずに衝動的に行動し、最悪の結果を招いてしまうこともよくあります。

いろいろな人とかかわり、多くの経験を重ねることは、そうした問題解決のスキルを学習することですが、基本的なスキルについては教えておいたほうがよいと思います。何でもないときに、「こんなことが起こったらどうする」、などあらかじめコミュニケーションしておくとよいですね。

スキル9-1　和やかな雰囲気をつくる

まず、子どもがどのような問題に直面しているかを知ることが必要ですが、しばしば子どもは問題について話したがらないことが多いものです。そんなとき、「しゃべりなさい！」と叱ってもますます抵抗が強くなってしまうでしょう。

「いつでも聞いてあげたいと思っているから、話したくなったらおいで」といったように促す姿勢を示します。また、話しやすい環境（お風呂に入っているとき、寝る前、一緒に何かしているとき）でタイミングを見て尋ねたり、**和《なご》やかな雰囲気**をつくるようにします。

スキル9-2　判断しないで、話を聞く

ようやく子どもが口を開いたときこそ大事です。「何でそんなことになったの」とか「それは、あなたが悪いわよ」といった価値判断をはさみがちですが、その瞬間、子どもはきっと話をしはじめたことを後悔するでしょう。やっぱり話すんじゃなかったと思い、次からはもっと貝のように口を閉じるに違いありません。

「それは困ったことになったね」「なるほど、そんなことが起きたの、びっくりした

ね」とそのままの事態を理解し、まずは子どもの気持ちを受容してあげましょう。

スキル 9-3 問題が何かを考える

子どものトラブルを見ていると、トラブルのたねがすりかわっていく様子がよくわかります。

たとえば、リレーの練習でラインを踏んだとか踏まなかった、とかでやりあっていると、だれかが「ちび」と相手のことをののしったために、ちびと言ったのは悪い！ということになり、それがもとで言われた方が泣き出すと、泣かしたのはだれだというように、トラブルはいつでも、だれにでも、飛び火のように燃えうつっていきます。

ですから、何が大本《おおもと》であったのか、**頭を冷やして**考えるくせをつけることが必要です。枝葉のことは気にせず、一番問題となることは何だったのか、当事者がきちんと考えられる力を育てることがまず必要です。

スキル 9-4 解決方法をたくさん考える

トラブルや悩みが、どんな問題から生じているのかを考えさせたのち、ではどうすれば解決ができるのか、その方法をできる限りたくさん考えさせます。

思いついた方法が親からするとだめな解決でも、「なるほどね、他には」というように、**たくさん**考えさせてみましょう。ここで、子どもの考え出す実力を知ることができるでしょう。

一つ一つ非難することはせずに、子どものスキルのレベルを理解したうえで、どの解決がどのような結果に結びつくかを一緒に考えてもよいと思います。

その際、その解決方法をとった直後に、事態がどうなるかという面と、少し時間がたったらどうなるかという二つのパターンを考えるようにするとよいと思います。

たとえば、相手がからかってきたときに、こちらも反撃することは、一時的に相手のからかいを抑えることができるかもしれません、しかし、むこうがグループであれば、その後グループで反撃してくることもありうるからです。「**その直後**」と「**しばらくした後**」の二つの予測を考えるようにすれば、最悪の事態を免れる方法を思いつく可能性は高くなるでしょう。

また、子どもは相手の気持ちや意図を考える力が未熟なので、「○○くんは、△△と思ったんじゃないかな」といったように、違う解釈のしかたもあることを教えてあげるのもよいでしょう。

スキル 9-5　ベストな解決方法を選択する

解決方法をたくさん考えても、選択するときに一番悪い方法を選んでしまう場合があります。たくさん考えた解決方法を見渡して、どれがベストなのかを決めていく練習もふだんからしておくとよいと思います。

ここで言うベストな解決方法とは、攻撃的でもなく、消極的でもない行動、つまり、**主張的**な行動をとるということです。これは、相手の気持ちを傷つけず、しかも、自分の意見や気持ちをがまんしすぎずに伝える行動で、相手も自分も大事に考えることです。攻撃的な行動をしてしまうと、関係はこわれますし、相手の心を傷つけてしまいます。また、消極的に自分の気持ちをがまんしてしまうと、相手にメッセージが伝わらないばかりか、ストレスがたまって、後になって爆発したり、問題になって表れたりしてしまいます。

したがって、相手も自分も傷つかずに、伝えたいメッセージを伝えるには、次のことをポイントとして考えるとよいと思います（相川、二〇〇〇を参照）。

ポイント1：主張した方がよいかどうか判断する
ポイント2：タイミングを考える
ポイント3：自分の気持ち＋相手に求めるお願い（どうしてほしいか）＋そのわけ
ポイント4：表情、声、身振りなどに気を配る

ただし、子どもは大人と比べるとまだまだいろいろな面で未熟ですし、友達同士のトラブルは、互いに未熟なもの同士がかかわる場面です。ですから、ベストな解決を最初からすることは難しいことです。むしろ、トラブルの場面をよく見て、あるいは話を聞いて、体験したことをもとに、発達に応じた主張的なスキルを教えてあげることが大切です。

これは、私の調査ですが、小学1年生から高校3年生一四〇〇名以上を対象に、他人と葛藤する場面でどのような行動をとるかを調べました。たとえば、「友達が自分の秘密を他の友達にしゃべってしまった場面」で、どのような行動をとるかを自由記述で尋ねた結果、以下の行動をとることが明らかになりました。

攻撃的行動…「ふざけるな」「バカやろう」といった怒りの表現

やや攻撃的な行動…「ねえ、何で言うわけ！」「もう誰にも言わないでね！」

消極的行動…何も言わない、しかたがないとあきらめる
やや消極的な行動…「どうして話しちゃったの？」「何て言ったの？」
主張的行動…「あまり他の人に言わないでほしいなあ」（大人からするとややメッセージが弱い）

ほとんどの年齢の子ども達が、この場面では、攻撃的な行動をとると答えています。中学生、高校生では特にこうした友達の行動は裏切りの行動として考えるのか、攻撃的な行動をとるようです。小学生は、なぜという理由を問いただす傾向があり、高校生になると攻撃的になる生徒も増える反面、消極的に回避してしまう生徒の割合も他の学年よりも高くなっていました。

大人が考えるベストな主張的行動は、「〇〇ちゃんが私の秘密を話してしまってとっても悲しかった。他の人に知られたくないから、これからはしゃべらないでいてくれる」といったところでしょうか。

しかし、現実にはここまでできる子どもが少ないことを踏まえて、子どもの実力をもとに適切なアドバイスをしてやる必要があると思います。トラブルの場面をそのつどつかまえて教えてやることも大事でしょうが、日頃から、絵本や本の中の主人公や

いろいろな登場人物が、**どうすればうまくいくのか**、ゲームのようにして考えるのも効果的です。あるいは、子どもに起きそうなトラブルを考えて解決方法を話し合っておくのもよいと思います。

たとえば、次のような場面はどうでしょうか。

例1…明日は遠足です。バスのとなりに座りたい人がいるが、他の人から「一緒に座らない？」と言われました

例2…消しゴムを友達に貸したのに、返してくれません

例3…後ろの席の子がうるさくて、授業中、先生の声が聞き取れません

例4…試験を返してもらいましたが、先生の採点にミスがあることがわかりました

例5…友達が週末遊ぼうと声をかけてくれましたが、用事があって遊べません

相手の気持ちの解釈、自分の気持ちや取りたい行動、具体的にどんな行動が考えられ、どれがベストか、など一緒に考えてみるとよいですね。実際に、**ロールプレイ**をやってみると、「これはだめだ」といったうまくいくかどうかの実感がわいてきます。相手役をやってみると、表情や声、身振りが言葉よりも影響力があることや、傷つける言い方や言葉などにも気がついて、実際場面で役立ちます。

10 親子げんかをたちきる4つのスキル

悪循環をたちきる

親子げんかは、どこの家庭でもあると思います。

子どもの態度が悪いことを親がとがめると、たいてい、子どもは口答えをします。親は何て態度だ、と興奮してさらにどなることになります。子どももエスカレートして反抗したり、ドアをバタンとしめて部屋に閉じこもったりします。ひどければ飛び出してしまうこともあるでしょう。

こうしたいさかいを毎日のように繰り返してしまう親子は、建設的な解決ができずに悪循環に陥っていることがしばしばあります。どうしたらたちきれるか考えてみましょう。

スキル10-1 興奮させる言葉は言わない

親自身もまず、すぐにどなってしまわず、子どもを興奮させてしまう態度を変えてみる必要があります。たとえば、頭ごなしにどなられたうえ、嫌いよと言われたりしたら、だれでも冷静に、「わかりました」という気持ちにならないものです。

★チェック　子どもを興奮させる言葉を理解して、違う言い方を考えてみましょう。

例1　親「何で、そんなだらだらしているの！」
⇩「○○しようと思うけど、やってみよう」

例2　「お父さん（お母さん）は、そんな子だいっきらいよ！」
⇩「○○してくれると、お父さん（お母さん）はうれしいな」

「　　　　　　　　　　　　　　　」
⇩「　　　　　　　　　　　　　　　」

「　　　　　　　　　　　　　　　」
⇩「　　　　　　　　　　　　　　　」

スキル10-2　ボディランゲージを読み取る

大人に比べると、子どもは自分の気持ちを言葉で正確に伝えることは上手ではありません。特に、イライラした気持ち、意欲のない状況、いじめられている悔しさ、みじめさなどを、親に自分からうまく伝えることは難しいものです。そんなとき、先に親から嫌な言葉を浴びせられるとパニックになることもあるでしょう。

子どもの表情、こぶしを握り締めている、身体が震えている、前かがみでうつむいている、など**言葉以外**のボディランゲージを読み取ってやりましょう。子ども自身も意識していないような、心のサインが読み取れるのではないでしょうか。

スキル10-3　ボディランゲージの重要さを伝える

親子間ではなく、友達の間で葛藤が生じた場合も同じことです。子どもがそういう状況に直面したときに、相手がどのような状態でいるのかを観察することが大切なことを伝えましょう。相手の言葉だけに反応せず、表情やそぶりからも気持ちを読み取れることを知っていることは、問題解決には大事なことです。

スキル10-4　自分の気持ちを伝える話し方を身につける

「あなたは、……だ」という言い方は、相手にべたっとラベルをつけ、非難、中傷することになり、相手を防衛的にさせます。それよりも、「私は……思う」と自分の気持ちを伝えたり、上から押し付けずに相手に**どう思うか**を話す余地を与える言い方の方が、相手は聞く余裕をもつことができます（トマス・ゴードン、一九九八）。「あなたは、ぐうたらだ」と言うよりも、「あなたが何もしないと部屋がかたづかないから、お母さんは困っちゃう」と言った方が、子どもは何をすべきかということが理解でき、自分が責められたという感覚は薄まります。その結果、解決が早くなります。相手を責めず、自分の考えや気持ちを伝えることに苦心することです。

★チェック　してはいけないことを確認しましょう。

□おどさない
□非難しない
□わめかない
□大げさに言いすぎない
□見せしめにしない
□必要以上に罪悪感をもたせるなど感情的につつきすぎない

11 怒りについての5つのスキル

「怒り」への対処

なぜ、人は怒るのでしょうか。

そもそも怒ることは悪いことなのでしょうか。

さまざまないさかいや犯罪は、怒りが原因になっています。しかし、よく考えてみると怒りは結構私達の生活に役立っています。悔しさや、腹立たしさから、より高い目標に向かってがんばることができます。怒りに対処できたときは成長できた気持ちになります。また、自分だけでなく、相手の気持ちを理解することができます。

もちろん、怒りが大きすぎてコントロールできない状況になったり、抑えすぎて体調をくずしたり、後で大爆発になる場合には、怒りは最悪の結果を招いてしまうことになりかねません。怒りにどう対応したらよいか考えてみましょう。

スキル11-1　怒りの感情を理解する

いたずらに怒りをもつことはいけないと言いすぎると、子どもは怒ってばかりいる自分がだめな人間だと思い込んでしまいます。自分で自分が嫌になり、開き直ってしまうこともあるでしょう。怒りはだれでも、思い通りにいかないときなどにもつ自然な感情であることを伝えたうえで、**気持ちにうまく対応していくことが大切なことを**教えましょう。

自分でコントロールすることをこれから学んでいかなければならないことを理解させます。怒りを爆発させたとき、抑えすぎたときに、その結果どうなるかも教えましょう。

スキル11-2　どんなときに怒りが生じるかを知る

怒りの「ひきがね」は人によってさまざまです。そのため、お互いになぜ相手がそんなに激怒するのか理解できないことがあります。ある人にとってはショックな言葉が、他の人にとってはたいしたことではないことがしばしばあります。それだけ、人の受け取り方は、いろいろなのです。

ですから、自分がカッとしてしまう言葉や、態度をあらかじめ意識して相手からそうした言葉を受け取ったときにどう対応したらよいか日頃から考えておくことが効果的です。「ここだ、がまん」とか「一、二、三」というように、自分をコントロールできる**セルフ・トーク**ができるとよいと思います。

スキル11-3　怒りの気持ちが起きていることを知る

心臓がどきどきしてきた、震えがきた、声が大きくなっている、といった自分の怒りを意識できるかどうかも、大切です。

何が何だかわからない、といった怒りの発散のしかたは自分の身体にとってもよくないものですし、相手に迷惑をかける攻撃行動につながるようではいけません。感情のまま行動しないためにも**自分の感情をモニターする力**が必要です。

スキル11-4　怒りが生じたときの対応を考える

深く息をする、たいしたことじゃないと気をまぎらす、これは自分で解決できると考える、その場から去る、など自分ができそうなことを考えつくだけ考えてみましょう。

親子で、ロールプレイをしてもよいと思います。まず、親がこんなふうにやってみたら、というモデルを示してみるとよいと思います。子どもが怒るときはパターン化していることが多いでしょうし、苦手な状況を考えて、親が子ども自身のロール（役割）をとり、子どもが相手の人物をやってみるとよいでしょう。怒りを抑えすぎて、自分の気持ちを主張できない子は、パニックにならないで相手に自分の気持ちを伝える練習をしてみましょう。

スキル 11-5　怒りをコントロールできたらほめる

怒りが生じても、適切にコントロールして解決できたときはほめてやりましょう。怒ったときは叱ることが多いのに、できたときにはほめることが少ない傾向が高いと思います。「怒って逃げ出さないで、自分の気持ちをよくしゃべったね」とか「怒ってたのによく考え直してごめんねと言えたね」ときちんと具体的にほめることです。

また、その場の怒りではなく、慢性的に怒りが持続しているときに解決する方法も考えましょう。スポーツで発散する、好きなものに打ち込む、おいしいものを食べる、など適切な気晴らしを行い、怒りを建設的な姿に変えていく方法を探してあげましょう。

12 危機回避能力を育てる3つのスキル

危険を避けるスキル

最近は、学校外のみならず学校内においても危機場面が生じるようになりました。驚くような事件が起きることもあり、親としては心配でならない状況です。

しかし、24時間子どもにまとわりついて危険から子どもを守ることができるはずもありません。したがって、子どもに自分で危険を察知して回避できる力を身につけさせることが必要です（「非行防止教育及び被害防止教育に関する提言、二〇〇四」に詳しい解説があります。ネット上では、

http://www.metro.tokyo.jp/INET/KONDAN/2004/08/40e8b102.htm

を参考にして下さい）。

スキル12-1　危険な場所を教える

どういった場所がなぜ危険なのかを教えてあげます。たとえば、広島県警察本部生活安全企画課の調査からは、危険な場所として次のようなところがあげられています。

高く長い塀が続く道（人目につきにくく、泥棒などが身を隠しやすい）
路上駐車の多い道（犯罪者が隠れたり、待ち伏せする場所に利用）
警備員のいない駐車場や駐輪場（暗くて待ち伏せしやすい）
落書きやゴミが散乱している場所（住民の無関心な地域、犯罪が起こりやすい）
ひとけのない家や建物（犯罪者のたまり場）
街灯の少ない道（住民の無関心、身を隠しやすい）
木がうっそうとして見通しの悪い公園（身を隠しやすい）
防犯カメラや窓のないエレベーター（危険な密室）

スキル12-2　親子で散歩する

一緒に家の周りや一番近い繁華街、公園などを散歩して、実際に様子を観察してみましょう。時間帯によって様子がガラっと変わってしまうなどについて気がつかせるといいですね。

また、警察や自治体など安全を守る人たちがどういったところにいるか、子ども一一〇番の存在、なども確認するとよいですね。

スキル12-3　安全マップをつくる

散歩して気がついたことや感じたことを一緒にしゃべりながら安全マップをつくってみましょう。マップをつくる作業を通して、いろいろな危険の存在やどんな人が安全のために働いているのかも知ることができます。安全マップのつくり方については、次のサイトや著書で具体的に知ることができます。

茨城県生活環境部生活文化課　安全なまちづくり推進室

http://www.anzen.pref.ibaraki.jp/kids/mm_01.htm

小宮信夫監修　横矢真理著『危険回避・被害防止トレーニング・テキスト』（栄光、二〇〇三）

13 「ジェンダー」についての2つのスキル

「らしさ」の問題

ジェンダーとは、生物としての男女の性ではなく、生活経験を通して獲得される、心理的、社会的な性のことを言います。

男性、女性に期待される性役割は、時代や文化によって変化することが多く、男性はたくましく、女性はやさしくといった期待が伝統的には強く支持されていました。ところが、近年、女性の社会進出に伴い、男性の家事育児の分担も進み、性役割の内容は変化しつつあります。

こうしたジェンダーの形成は、多分に親による影響が強いと考えられます。男の子が生まれたらブルー系の洋服、女の子が生まれたらピンク系、男の子には飛行機や自動車の乗り物のおもちゃを、女の子にはお人形さんを買ってやりたくなったりしませんか。

息子が大泣きしたら「男の子は泣くんじゃない！」と言い、女の子があぐらをかいたら「女の子のくせに！」と注意したりと、知らないうちに私達はジェンダーに影響されたしつけをし、その結果子どもにもジェンダーを形成させているのです。言葉にもそうしたジェンダーがしみこんで用いられています。たとえば以前は保母さんと呼ばれていた職業も、男性の就業者が増えたこともあり、保育士になるなど、確実にジェンダーは変化しています。

男女共同参画型社会の今日ですから、時代錯誤に、男の子らしさ、女の子らしさを強調しすぎると、子どもの人格形成や将来の男女のかかわり方を制限してしまうことになりかねません。

スキル13-1　「自分」でできることはさせる

「女（男）だから…しなければならない」といった固い性役割は、本人の人間個人としての欲求や可能性をときに狭めてしまうことになります。ライフスタイルが多様化している今、性別にこだわるよりも、本人が自分でできることはどんどんやれるように応援してやり、男女というよりは**人としての関係性**の中で互いに相手を思いやって、家事や仕事を助け合うといった柔軟な態度を発達させてやりましょう。

スキル 13-2 モデルを示す

男だから、女だからというよりは、それぞれが、その人の適性にあうこと、できることを率先してやれるように、お父さん、お母さんは**モデル**になりましょう。互いに尊重しあうやりとりは、子どもにとってもっとも望ましいモデルとなり、子どもの将来にも影響していくものです。

3章

乳児期の発達と必要なソーシャルスキル

―〇～一歳を中心に―

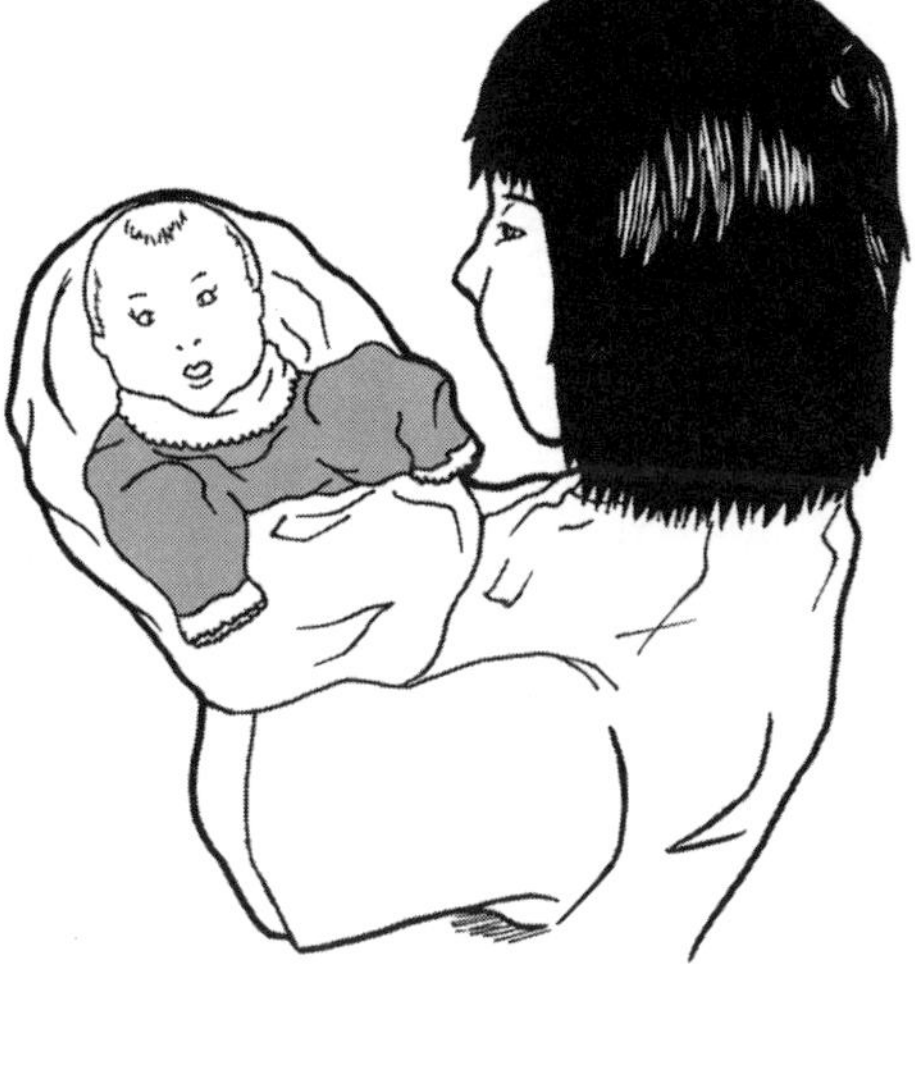

1 乳児期の発達を理解しよう

親は心の安全基地

乳児期に育てたい心は、「信頼性」です。

〇歳からおおよそ一年の間に、赤ちゃんは、自分をいつでも受け止めてサポートしてくれる人とそうでない人を区別していきます。泣いたときに「どうしたの」と気遣ってくれる存在を求めているのです。〝空腹だよ〟と泣くと授乳してくれ、〝不快だよ〟とむずかると環境を整えてくれる人、不安で泣くとぎゅっと抱きしめてくれるような人、そんな存在を求めているのです。

赤ちゃんからのサインを敏感に感じとり、応答してやることがこの時期に一番重要なことです。言わば、赤ちゃんは、大人に世話をさせるようにしむける有能な存在です。

身近な人と信頼関係ができると、子どもは身近な人と「愛着」関係を結ぶようになります。それ以外の人と身近な人に対するふるまいが異なるようになり、生後六、七ヶ月をすぎる頃になると、知らない人には人見知りをするようになります。最初は、信頼する親がいつも目の前にいないと安心して遊べませんが、しだいに、心の安全基地ができ、少しくらい親が目の前からいなくなっても泣きわめかず、一人遊びができるようになります。

乳児期の心の発達

そうして、しだいに探索欲求が強くなり、いろいろなものに興味を示し、遊ぶようになるのです。一歳半をすぎると、自分を主張し出し、「いや」などと言い出すようになりますが、自分が出てきたということは発達上とても大切なことです。「自我」の芽生えを喜ぶ懐の広さをもちましょう。

けっしてお母さんや周りの人の話をじっくり聞いて「いや」と言っているわけではありません。自己主張できるようになったことを喜んでやりたいものです。

この頃になると想像力もわいてきて、砂をごはんに見立てたり、○○ごっこに興じたりとイメージの世界を楽しめるようになります。言葉も増え、いろいろなおしゃべりができるようになるので、一緒に楽しく遊んでやり、イメージの世界を盛り上げてやるととても喜ぶ時期です。そのうち、同じくらいの友達に興味がわいてきて、互いにやりとりがはじまるようにもなります。

三歳をすぎてくると、して良いことや悪いこともほめられたり、叱られたりしているうちに学ぶようになり、まだまだ強い自己主張をする反面、ちょっとしたがまんならできるようになります。自分から他の人の気持ちを考えるのは難しいのですが、いざこざを経験したり、絵本やテレビ、ビデオなどを通して、いろいろな人の気持ちを教えてあげるとちょっとずつですが、しだいに理解していきます。

2 乳児期に大切な11のソーシャルスキル

スキル❶応答する

赤ちゃんには、生まれつき「気質《きしつ》」と言われる個性の違いがあります。周りからの刺激に対する敏感さや、ミルクの飲みっぷり、排泄のリズムは生まれたときから違いがあります。たくさんオッパイを吸い、グーッと眠る子もいれば、吸い方が弱く、なかなか眠らない子もいます。そのため、親から見て「育てにくい」と感じる子もいれば、「育てやすい」と感じる子もいるのです。

しかし、たとえ「育てにくい」子であったとしても、一生がそうというわけではありません。ちょっと余裕をもってわが子を観察していれば、どんなことが気に入らないのか、どういったリズムでいるのかが、わかってくるものです。育てにくいと感じるのは、**大人側**の予想した反応にあわないだけなのです。子どもの反応に敏感になれば、泣き方も違って聞こえてくるものです。

この時期は、赤ちゃんがこちらをじーっと見ていたら、アイコンタクトを返してやることが大切です。ニコニコ微笑むだけでもよいですが、できるだけゆったり話しかけてやるとよいでしょう。赤ちゃんは、**人の顔が大好き**です。よーく観察していれば、お母さんやお父さんの表情をよく見ていることがわかります。泣くだけが仕事と思っていたら、赤ちゃんから積極的にコミュニケーションを働きかけている感じがすると思います。

生まれたての赤ちゃんには、すばらしい能力が備わっていることがわかっています。生後数時間の赤ちゃんでも、お母さんのベロベロという舌出しの動作をまねしようとしますし（舌出し反応）、生後二ヶ月になれば人の顔にじっと反応するようになります。人間の言葉かけにも反応するようになり、じっと聞く力もあることがわかります。生後二、三ヶ月たつと赤ちゃんは微笑むようになり（社会的微笑と言います）、「寝不足で大変だったけど、がんばってきてよかった」と思わせてくれるようなすばらしい笑顔に出会えるようになります。

生後六、七ヶ月になると、知らない人に抱かれようとすると大泣きし、身近な親が抱けば泣き止むようになります。これは、今まで育ててくれた人と知らない人とを区別するようになる、人見知りがはじまったのです。このような人見知りがはじまるのは、今までの親の愛情をしっかりと受け止めてくれた証拠なのです。

＊スキル1のポイント
ポイント1：赤ちゃんの個性を知る
ポイント2：赤ちゃんの欲求に応えてやる（応答性）
ポイント3：赤ちゃんの様子に敏感になる（敏感性）

スキル❷楽しく遊ぶ

赤ちゃんは、見たり、聞いたり、触ったり、なめたり、匂いを嗅ぐなど、五感を通して、さまざまな能力を伸ばしています。いろいろな種類の刺激を適度に受けることによって、五感の能力は伸びていきます。逆に、刺激を与えてやらないと、子どもの感覚は磨かれず、成熟できなくなってしまいます。したがって、赤ちゃんの「遊び」はとても大切な意味を持ちます。

お父さん、お母さんの中には、赤ちゃんとどうやって遊べばよいのかとまどっていマニュアルはないので、とにかく、赤ちゃんとのかかわりを楽しんで、赤ちゃんのうれしそうな表情を見ながらゆったりとした気持ちでやってみましょう。

これらは、一つの例です。危なくないよう確認してから、やってみましょう（渡辺弥生『だいすき！ スキンシップ』赤ちゃんとママ社より引用）。

■スキンシップを大切にする遊び

ほっぺをチョンチョンしたり、赤ちゃんの手で親の顔を触らせる

おむつの交換時に、ひざや、おなかをやさしくマッサージ

布団の上で赤ちゃん体操

■感覚を刺激する遊び

タオルや毛布などを触らせる

いないいないバーや手遊びをする

「たっち」（つかまり立ち）ができたら、手をつないで音にあわせて身体を動かす

なべや机などいろいろなものを「トントン」とたたいて、音を楽しむ

■からだを動かす遊び
赤ちゃんのわきをもったり、抱っこして、ぴょんぴょんジャンプを楽しむ
赤ちゃんの足を大人の足の上にのせて、「あんよ」（立って歩く）の練習をする
新聞紙でボールをつくって、投げてみる
■外遊び
いろいろなものを見て、危なくないものに触ったりする
水遊びでバチャバチャしたり、水しぶきを楽しむ
お空に飛んでいるもの、雲など、家では見られないものを見てお散歩する
■道具を使う遊び
ペットボトルに豆やおはじきを入れて手製のがらがらで遊ぶ
鏡の前でばいばいしたり、いないいないバーをする
■かかわる遊び
向かいあって、いないいないバーごっこ
まねっこ遊び（しぐさをまねる）
はいはいで、競争する

おふねがどんぶらこ（向かいあって赤ちゃんをひざの上に。「どんぶらこ／ぎっちらこ」で手をゆっくりひっぱったり戻したり。）

スキル❸安全対策を考える

赤ちゃんと安心して遊べるように、まず安全な環境を準備します。赤ちゃんと同じ目線に立って部屋中を見渡すと、危険なものであふれているのがよくわかります。たばこをなめたりといった誤飲事故、家具からの転落事故など、小さい子の事故はかなり多いものです。とりかえしのつかないことにならないように、まず、自分の家を点検してみることからはじめてみましょう。

■台所

包丁…うっかりまな板の上に包丁を置いたままにしておくと、まな板に触ろうとして、包丁を落としてしまう

なべ…とってをつかもうとして、熱いスープが入ったなべをひっくり返す

開き戸…手をはさんだりする

電気釜・ジャー…やけどをする

テーブル…角に頭をぶつける（台所以外でも）

イス…ハイチェアから落ちる

テーブルクロス…テーブルクロスをひっぱって、上に置いていた熱いコーヒーなどをこぼしてやけどする

ガスのスイッチ…いたずらによる中毒、火事などでやけどをする

■部屋

インテリア…額などインテリアが落ちてきてけがをする

タバコやコーヒーなど…やけど、誤飲をする
ストーブ・アイロン・加湿器など…やけどをする
布団…圧迫されて、窒息する
ベランダ…落下する

■洗面台やお風呂

指輪など…洗面台に置いた指輪などの誤飲をする
洗濯機や湯船…落ちておぼれる
シャワー…やけどをする
洗剤など…誤飲をする

■公園

ブランコ、滑り台…落下する
砂場…釘・ガラスなどでのケガ、誤飲をする
コンクリート…転んでケガをする
噴水…落ちておぼれる

★チェック　安全を確認しましょう（日本赤十字社、二〇〇二より引用）。

■はいはいの時期（五、六ヶ月～一歳頃）

□階段に転落防止の柵をとりつけましたか？
□玄関など、段差のあるところに落ちないような対策がしてありますか？
□ピーナッツやあめ玉などは、赤ちゃんの手の届かないところに置いてありますか？
□たばこや灰皿は、赤ちゃんの手の届かないところに置いてありますか？
□食卓のテーブルクロスは外しましたか？
□ストーブ、ヒーターなどに赤ちゃんが触れないような対策はしてありますか？
□湯船に水をため置きしないようにしていますか？
□自動車に乗るときチャイルドシートを使っていますか？
□車を発車させる前にドアやパワーウィンドウをロックしていますか？
□マッチやライターの火遊びに注意していますか？
□三輪車の安全な乗り方を教えていますか？
□自動車に乗るとき、チャイルドシートを使っていますか？

スキル❹授乳や抱っこのしかた

この時期、お母さんは授乳や抱っこのしかたなどにとらわれがちです。子どもの体重を増やすために、やっきになって授乳することになり、毎日の体重の変化にこだわってしまうのです。

よく、病院では授乳後、体重計にのせて赤ちゃんがどれくらいオッパイを飲んだかを記録したりしますが、家庭に帰ってからも量りをレンタルして、授乳ごとに体重の変化を追ってしまうことがよくあります。

赤ちゃんは、たくさん飲むときもあれば、飲まないときもあります。排泄がある前か後かによっても微妙に体重計の値が変わるものです。そのたびに「体重が減ってしまった」と悩んで、授乳にかなりの時間をかけてしまい、へとへとになってしまうのです。しかも、最近は、母親だけでなく父親も一緒になってうろたえてしまうようです。

他にも、育児書で十分に抱っこしてあげましょうと書いてあると、腕がしびれて腱《けん》鞘炎《しょうえん》になってもがんばって抱っこしたり、母乳が一番よいと聞けば、母乳が出ないことに悩み、母乳を搾り出し、冷凍し、といったように「母乳」の生産・維持・管理にあけくれてしまいます。

子どもの成長に気を配ることは大事なことだと思います。でも、もっと大事なのは**赤ちゃんの様子**をよく見て要求に応えてあげられるかどうかです。

量りで増えたか減ったかに一喜一憂するよりは、赤ちゃんが心地よいように授乳してやり、満足がいくまで授乳してやればよいし、ちょっと抱っこして気がすんだようであれば、抱っこをやめていいのです。

母乳が出なければ、粉ミルクでも大丈夫、子どもの表情や様子をよく見て、それに添うように接してやること、接してやる親の表情がニコニコしていることが何よりです。

授乳、抱っこ、何でもかんでも完ぺきにこなしても、赤ちゃんの見る親の顔がいつもイライラ、ぴりぴりしていては、赤ちゃんは不安になるだけです。

スキル❺トイレットトレーニングをはじめる

子どもは一歳前から、指差しなどでいろいろなことを大人に伝えるようになります。また、「アー」とか「チー」とかなどの声出しや、パンツの前をおさえるなどのしぐさが出てきたりします。

もちろん個人差がありますが、こうした排泄に関しての何らかのサインを送るようになることを「事前告知」と言います。

おおよそ二歳には便意を、二歳前半に尿意を知らせるようになります。これは、子どもが排尿や排便をコントロールする筋肉をうまく使いはじめてきたことを示します。

①具体的なサインをチェック

□指差し、声出しでおしっこやうんちを伝えはじめる
□パンツの前をおさえたり、おむつがぬれていると、気持ち悪そうにする
□だいたい便意や尿意を感じる時間が安定してきている
□こちらの簡単な指示が理解できる

②トイレットトレーニングの開始

おまるを備えます。子どもが安心できるような気に入るものを選びましょう。洋式トイレに使えるキャラクターの補助便座などもおもしろいかと思います。

子どもにおまるが何のためのものなのかや、使い方がわかるように教えてあげましょう。

それから、パンツをはいたままでも一度座らせてみましょう。居心地がよさそうだ

ったら、パンツをぬがせて座らせてみたりします。すぐに、おしっこやうんちをさせようとしないことが大切です。

③誘ってみる

具体的なサインが見られたら、おまるに座ってみるか誘ってみましょう。

中には、おまるよりもトイレの方に行きたいということもあるでしょうが、それはどこでも子どもの気に入ったところでよいと思います。

嫌がったら、無理強いするのはやめましょう。ほぼ毎日、だいたいお昼寝の後とかしたそうなときを見計らって誘ってみましょう。

④ほめてやる

おもらししても叱らずに、座れそうなときに座ってみてうまくいったら、ほめてやりましょう。「チーチーして、気持ちいいね」とか、そこでトイレをすることが気持ちよいことを感覚的にもとらえられるようにしてやりましょう。

⑤気をつける

トイレットトレーニングで気をつけたいことは、厳しくしすぎて失敗したときに叱ってしまうことです。

まだまだ子どもは遊びに熱中したり、自分で自分の筋肉をうまくコントロールできないので、失敗はつきものです。

親がイライラしてトイレットトレーニングのことばかり考えてしまうときは、思い切ってトレーニングはお休みしましょう。

基本的には、どの子も早い遅いはあってもできるようになります。叱れば叱るほど、トイレ嫌いになりがちです。結局は、親につけがまわってきます。

また、夜のおもらしがなくなるのはもっと後のことです。尿をためる膀胱の機能や筋肉の発達に関係するものなので、小学校一年生くらいまではよくあることです。三、四歳をすぎると、昼間はトイレに行けるようになるだけに、「何で、そそうするの！」「恥ずかしいでしょ、おねしょして」と怒ったり、ベランダにこれみよがしに布団をほしたりといった罰を与えがちですが、子どもの心を傷つけてしまうのでやめましょう。

自分でコントロールできないことに、叱られ続けると、子どもの気持ちは萎縮し、逆に問題の芽をつくります。また厳しい罰を与えたり、寝る前にのどが渇いてもいっさい飲み物を与えないとか、夜中に起こしてトイレに行かせるといったこともやめましょう。逆に睡眠時間をけずったり、睡眠時間に分泌されるホルモンのバランスを悪くさせたりするだけです。

「そのうち、おしっこをためる袋が大きくなるから、おねしょしないよ」と安心させてあげましょう。寝る前に水分をほしがったら控えめにあげるとよいと思います。おねしょしてもいいようなビニールシートがあるので、それを布団の上にひいたりして親は**気持ちをゆったり**もって、あまり気にしないで寝るようにしましょう。

もしたまたま夜中に子どもが起きたときには、トイレに行くのが億劫にならないようトイレは電気をつけておくのもよいですね。

⑥便利なグッズを使おう

トイレットトレーニングを教える絵本やビデオなどがいろいろ出ています。ときどき、遊びながらこういったものを見せて、どうやったらよいか、ということを教えてあげましょう。また、子どもはものまね上手ですから、キャラクターがうまく行動しているのを見るだけで学びます（モデリング学習）。

おまるに座るのが楽しくなるように、おまるにシールをはってもいいですね。おまるの中にシールをはってそれがぬれると絵が浮き出るようなものも売られているそうです。トイレに子どもの好きなキャラクターのポスターをはるというのも効果があるようです。あまり期待しすぎず、試してみるのもいいかもしれません。
トイレに関する絵本には次のようなものがあります。
絵本『ノンタンおしっこしーしー』（偕成社）
絵本『うんちがぽとん』（アリス館）
絵本『0歳の本　Ｖｏｌ・１　排泄のしつけ　そろそろでたかな』（小学館）
絵本『みんなうんち』（福音館書店）
絵本『でたでたうんち』（径書房）
絵本『うんちのえほん』（岩崎書店）

スキル❻うまく寝させる

乳幼児期の親としては、夜、なかなか寝てくれないのが困りもの。親も一日の疲れから早く子どもから解放されたいとか、寝かしつけた後に残ってる家事や仕事などをすまそうなどと考えがちです。

しかし、そんなときこそ、なぜか子どもはいつまでも目をパッチリしていることが多いものです。親の方が寝かせようと焦っていると不思議と必ず子どもに伝わるのです。

今日は早く寝かせて仕事をしなきゃなんて思っていると、そういう日に限って子どもの目はギラギラといったことがよくあります。きっと、背中をトントンしていても、いつもよりもトントントンと早いリズムだったりして、それが子どもには「早く寝なさい、早くー、早くねー」と伝わるのだろうと思います。

そもそも、子どもにとって夜の睡眠は重要なことです。昼間の疲れをとり、身体を休ませるとともに、脳を育てていくためにも生活のリズムをつくってあげるのは親の役割と言えましょう。

最近は、親の生活が不規則となり、夜中に家族でファミリーレストランに食事という光景も見かけます。しかし、こうした大人の生活につきあわせていると、子どもの中で昼と夜のリズムができないことになり、身体も心にもよい影響を与えません。**健康的な睡眠リズム**をつくってあげるためにも、親は寝かしつける習慣をつけましょう。

こうした習慣づくりこそ、親子のスキンシップやコミュニケーションをするのに絶好の機会です。いやいやではなく、一日の終わりにふさわしいすてきな時間をつくりましょう。

■夜うまく寝かしつけるには

①昼間はいっぱい遊ぶ
②夕飯は十分食事をとり、おなかがすいていないようにする
　寝る前にほしがったら、ミルクなどをあげる
③だいたい決まった時間に声をかけ、歯磨き、トイレをすませて床《とこ》につかせる
④寝る前は静かな雰囲気にする
　部屋を暗くする
　一人を恐がるので、親が添い寝をする
　部屋を静かにする
⑤身体をトントンしてあげたり、お母さん（お父さん）はここにいるからね、と安心させる
⑥布団やベッドに入ることが楽しい安らぎを覚えられるよう、寝る環境を工夫する
　早く寝かせる工夫
　寝たふりをする、手足のマッサージ、抱っこ、おんぶをする

疲れるまで遊ばせる、気分転換にベランダに出る
子守歌（ゆったりした歌）を歌う
絵本を読む
ビデオを見せる、などなど

スキル❼楽しく食事する

だれでも目に見えやすい発達は、気になるものです。他の子と比べて身体が小さいとすぐに心配になったりします。また、ちょっとした病気などで食事がとれないと、何だかやせ細っていくみたいでとにかく食べさせたくなってしまいます。

そうした心配をよそに、子どもはせっかくつくった食事を床に落としたり、遊び食べしてなかなか口に入れなかったりするので、ついどなりがちです。そのため、楽しいはずの食事の時間が結構修羅場になったりしてしまいますよね。

しかし、そもそも一～二歳の時期は、赤ちゃんのときよりも絶対量を必要としなかったり、食べることよりも食べ物を落としたり、つぶしたり、触ったりといった感覚を楽しみたいところがあります。また、ぐちゃぐちゃにすることで、お母さんがさわ

いだりするのはむしろ、親の関心をよせつけることにもなります。

この頃はきれいに食べるとか、残さず食べることよりも、**食事が楽しい時間になることが**大切です。顔色が悪いとか、元気がないといった様子がなければ、おなかがすいたら食べるものだとおおらかに考えましょう。

食事の時間についての配慮は次の通りです。

①おなかがすくように、いっぱい遊ばせておきましょう

②食間は脂っこいものはやめて、パン、クラッカー、くだものなど、栄養のあっさりしたものにしましょう

③食べやすい大きさ、温かさ、見た目に興味をひくように工夫してあげましょう

④テーブルの下に新聞紙をしいたり、テーブルクロスをひくなど、ちらかしてもかたづけやすいものにしましょう

⑤おなかいっぱいかどうかは子どもに決めさせましょう

無理に口につめこんだり、しつけが厳しすぎると、食事の時間自体が嫌な時間になって、ますます食べる時間が楽しくない時間になってしまいます。いろいろなお話をしながら、ごはんの時間を楽しい時間にしたいものです。

スキル❽指しゃぶり、つめかみといったくせに対応する

指しゃぶりやつめかみ、毛布を離さないといった習慣は、どの子でも一時的に見られるものです。気分を落ち着かせたり、大人の注意をひきたいという気持ちがあらわれているとも考えられます。ですが、あまり気にしすぎないようにしましょう。

どちらかと言えば、手もちぶさたのときにすることが多いので、くせについてはあまり注目して叱らずに、そちらに**注意がむかない**よう遊んであげるとよいのです。

つめは、深づめしない程度に切って清潔にしてあげましょう。くせを直すために、手袋をさせるとか、からしをぬるといった方法は、その指をやめても別の指に誘導するようなものなので効果がありません。

他のことに注意がむかない、指やつめの状態が悪くなるほど指しゃぶりやつめかみをするといった場合は、専門家に相談しましょう。

スキル❾かんしゃくに対応する

この頃の子どもは自分の気持ちを整理したり、思っていることをわかるように相手に伝える表現力もないので、腹が立ったり、自分の思い通りにならないとかんしゃく

を起こします。また、もともとの気質として我の強い気性がかかわっています。

ただし、だからといってかんしゃくは直らないということではありません。もともとの個人差や発達差があろうとも、**かかわり方**によって、子どもは自分の怒りをコントロールする力をしだいに獲得していきます。

まず、かんしゃくの原因やかんしゃくがおさまらない原因を考えてみましょう。

①モデリング

一つは、モデリングがあります。他の子どもが泣き叫んでいたとします。その子のお父さんやお母さんが困り果てて子どもにおもちゃを買ってやったのを見たとしたら、その子は、「かんしゃくを起こすといいことがある」ことを学ぶかもしれません。あるいは、親がかんしゃくを起こしてどなったりしているのも強いモデルになります。

子どもに「やさしくしなさい」と言葉で言っても、どなりながら言ってる場合には、どなる行動の方が言葉よりもしばしば子どもに影響を与えるものです。したがって、かんしゃくに対応するためには、親が適切な行動のモデルを示す必要があります。

子どものかんしゃくに巻き込まれて親がかんしゃくを起こさずに、クールにものごとを解決する姿を見せていきましょう。

②強化

だめなことをしたときに、だめなことを伝え、よいことをしたときにはほめてやること、これは「強化」と呼ばれます。

行動に対して罰や報酬を与えられたとき、罰を受けた場合にはその行動は抑制され、ほめられたときはその行動が促進されるという理論で裏付けられるのです。叱るにしても、ほめるにしてもなぜ叱ったりほめたかのわけを教えてあげるようにします。

ですから、かんしゃくを起こすたびにやれやれと言いながら、おもちゃを買ってやったりすることは強化になります。小言を言われても、実際にかんしゃくを起こしたことによって、おもちゃを買ってもらえるのですから、子どもにとってはかんしゃくは自分の欲求を通すのに有効な手段であることを学びます。したがって、その行動をやめさせるためには、一貫して欲求が通らないようにする必要があります。

それでは、かんしゃくを起こした際に、罰を与えるのは効果があるでしょうか。遊びに行くのをやめるとか、買い物にも連れて行かないといった罰を与えたらどうなるでしょうか。

ときとして罰は子どものかんしゃくを押さえ込むのに有効な場合があります。しかし、あまり罰に頼っていると、罰がどんどんエスカレートしてしまうことがあります。そのため、はじめのモデリングでも書いたように、エスカレートした行動を学習させることにつながってしまいかねません。

また、罰はその行動を制限することはできても、じゃあどうすればよいのかといったお手本となる行動を教えることができません。したがって、必ずしもうまい方向へ子どもを導くとは限らないのです。

子どもがかんしゃくを起こして、子どもの言いなりになってしまったり、必要以上に叱りつけてしまったりすると、子どもはかんしゃくを行動レパートリーの一つとして持ち続けてしまいます。また、親は親でどなったりしていると、親子の間でいつもかんしゃくを起こしあう、互いに不適切な行動を強化しあうことになりかねません。

かんしゃくに対応していくには、日ごろから、かんしゃくを起こさないときにいろいろな他の方法を教えるようにします。よい行動ができたときにはほめてやるようにします。

かんしゃくを起こしやすい親子のかかわりを観察していると互いに対立関係を誘いやすい関係になっている場合がよくあります。

たとえば、次のやりとりを比べてみましょう。

例1

お母さん「何して遊ぶ?」
子ども「ううーん、わかんない」
お母さん「早く決めないと、すぐにごはんの時間になっちゃうよ」
子ども「砂場!」
お母さん「砂場で遊ぶの、じゃあ、スコップもってきて」
子ども「どこにあるの」
お母さん「玄関のところにこないだ置きっ放しにしてたじゃない」
子ども「わかんない」

例2

お母さん「何して遊ぶ?」
子ども「ううーん、わかんない」
お母さん「砂場に行ってみる?」
子ども「うん」

お母さん「わー、だれかが大きな山つくってるね」
子ども「ほんとだ、トンネルつくる！」
お母さん「そうだね、トンネルつくるといいね」
子ども「大きなスコップでほるよ」

この**例1**と**例2**の違いは何でしょうか。

例1では、お母さんは主導権を握っています。時間がない、道具はあそこにある、うまくいかないと叱るといったような具合です。こうしたやりとりの中にいる子どもは、楽しい状況ではないため、しだいにぐずぐずしてきます。すると、そのぐずぐずがきっかけになってまたお母さんはお小言を言うことになり、険悪な時間だけを積み重ねることになってしまうのです。

これに比べて**例2**は、お母さんが子どもの行動に注目してサポートしてやっているのがわかります。子どものやることを理解して、「それはいいね」と支持してあげることは、子どもにとっては何よりうれしいことです。子どもはゆったりした気持ちになり、かんしゃくを起こすことも少なくなるのです。

スキル⑩環境をサポートする

赤ちゃんが病気をしたときや、自分の身体の調子が悪いとき、ちょっとしたことを相談したいとき、あるいは、自分のお友達がほしいとき、いろいろな「とき」があると思います。

孤独に赤ちゃんと接していると、どんな人でもイライラしがち。つまり、親自身も自分のさまざまな欲求に応えてくれる人が必要なのです。

まず、赤ちゃんが生まれる前に、あるいは生まれた後でも、いろいろな「とき」を想定して、**サポート**してくれる人たちや環境について調べておきましょう。

★チェック　周囲でサポートしてくれる人や機関を考えてみましょう。

■病気になったとき

赤ちゃんの病気は、急に悪くなることもあるため、救急医療がどこにあるか、また、小児科はどこが評判がよいかなど、ゆとりのあるときに調べておきましょう。

・通える小児科の電話番号

・夜間、休日の救急医療の電話番号

■近所で頼れる人

■子育て支援がほしいとき
・保育所、幼稚園での子育て支援
・地域の民間の子育てサークル
・ベビーシッター
・保健所
・インターネットのサイト

最近は、行政や地域が協力して子育てサポートシステムに関する事業を立ち上げています。地域の中で子どもを預かりあう中で市民同士の連携が生まれ、子育て支援をしていこうというものです。

市民の中で預けたい人、預かりたい人、両方利用したい人を募って登録し、預かる側の自宅で預かるということが多いようです。サポートにも、通院や行事、残業などのとき実際に預かってくれるサポートと、子育てのことで悩みなどを聞いてもらうサポートが必要ですが、こうした支援システムはどちらも満たしてくれることが期待されます。

(例…横浜市社会福祉協議会　http://www.yokohamashakyo.jp/kosodate/index.html)

スキル⑪イライラしない

だれでも子どもの泣き声は、長くなればなるほど閉口しがちです。

それでも、できるだけ余裕をもって、泣き声を言葉のメッセージとして聞いてみると、不思議に何かしゃべっているようにも聞こえるものです。

おなかがすいたのかな？　暑いのかな？　抱っこかな？　子どもはわけもなく泣いていると考えないで、わけがあって呼びかけていると考えてみましょう。ちょっと甲高い声でイライラさせる声だけど、何か一生懸命に話しかけているわけですから耳を傾けてやりましょう。

「おなかすいたのー」と言いながら授乳したり、「疲れちゃった」と抱き上げてやったり、ヒステリックにならずにクールな気持ちで応答しましょう。

うまくいけば、「あー、やっぱりそうだったんだねー」ということになるし、なかなかうまくいかないときや、たまには「お母さん（あるいは、お父さん）降参！」とじーっと傍観ということもあることです。だって、お母さんもお父さんも神様じゃありませんから、いつもよき理解者であることは無理なことです。

ただし、「何であなたは」と赤ちゃんを責めすぎたり、「私ってだめな親」と自分を責めすぎる必要もありません。大事なのは、ゆったりした気持ちを取り戻し、子どもに応答してやることなのです。赤ちゃんの時代は一生のうちではほんのひとときです。

イライラしちゃうのはしょうがありませんが、イライラしないためのスキルとイライラしてもイライラを吹き飛ばすスキルを日ごろから考えておきましょう。

① イライラを予防する

イライラすることが多いのなら、なぜ自分はイライラするのか考えてみましょう。寝不足なら睡眠をとる工夫をし、見たいテレビが見られないなら録画しておく工夫をします。友達としゃべる時間がないなら、ちょっと迷惑かもしれないけど遊びに来てもらったり、思い切って遊びに行けるようにだんどりを考えましょう。

何もしないでイライラしていても、ストレスはなくなってはいかないものです。ためこんで爆発するぐらいだったら、日ごろ何が自分のイライラのもとなのか考えて、原因を解決していきましょう。

② イライラに対応する

イライラ虫がさわいできたら、気持ちをしずめる手立てを考えましょう。「イライラ虫飛んでいけー！」と声に出してクールダウンしてもよいし、「一、二、三、四……」と十数えてもよいでしょう。

「その場から出る」、「水を飲む」、「好きな音楽を流す」など、自分の気持ちを楽しくするスキルを考えておくことも大事なことです。自分とは長いつきあいなのですから、対応策ができれば、かなり生活がエンジョイできます。

それでも、カッカしてしまう場合は、周りの人やサポートする人に相談することも大事なアクションです。

ミニ情報　乳児期・幼児期の問題——こんなときどうしたらよいの？

■児童虐待

児童虐待の早期発見・再発防止のためにも、どんな行動が虐待なのかについて知っておきましょう。虐待の定義は、児童虐待防止法に定められていますが、以下の四つが含まれます。

身体的虐待‥なぐる、ける、おぼれさせる、異物を飲ませる、戸外に締め出すなど

性的虐待‥わいせつな行為をすること、または児童をしてわいせつな行為をさせること

ネグレクト‥家に閉じこめる、病気やケガをしても病院に連れて行かない、適切な食事を与えない、ひどく不潔なままにする、自動車内や家に置き去りにするなど

心理的虐待‥言葉によるおどし、脅迫、きょうだい間の差別的な扱いなど

まず、自分がイライラしていて育児不安が強い場合には、身近な保健所や保健センターに行きましょう。必ずしもお母さんが原因でなく、うまく子どもとかかわれない

場合に、子ども側の問題がある場合もありますから、専門家に相談しましょう。

また、自分ではなく、周囲の親子を見ていて、「もしや…虐待では」と思ったら、児童相談所や福祉事務所に相談（通告）しましょう。これは、子どもの福祉にたずさわる私達一人一人の義務として、児童福祉法や児童虐待防止法で定められています。

①　一人で、疑っているだけでは心が重くなります。まず、相談（通告）して、専門家と一緒に考えましょう。

②　そのことがきっかけで、苦しい思いをしている親子が救われることがあるのです。「気にかかる親子がいます」と相談しましょう。

③　医師や公務員などには、職業上知り得た個人の秘密を守る義務があります（守秘義務）。しかし、虐待の通告の義務は、法律で守秘義務をより優先されて示されています。子どもをまず守ることが大事です。違反に問われることはありません。

④　相談した人が特定されるようなことはありません。秘密は必ず守られます。

■発達障害

広汎性発達障害（自閉性障害、アスペルガー症候群など）や注意欠陥多動性障害などの発達障害についての取り組みが進みつつあります。お父さんやお母さんの中にはこうした発達障害の知識がないために、子育てがうまくいかないのは親の適性がないのでは、と自分を責める気持ちが強くなったり、他のお子さんと比べてイライラしたりして、悩んでいる方がおられると思います。ときに、子どもさんにこうした問題がある場合があるので、心配な場合は相談してみましょう。放っておくと、子どもさんにとってもお父さん、お母さん自身にとっても望ましくない方向にいくことがあります。

診断は難しく、慎重にする必要がありますから、一歳六ヶ月や三歳児健診に行き、気になることを相談しましょう（これ以外の日にも、気になることがあればいつでも相談しましょう。具体的な対応についてアドバイスがもらえます）。発達障害は、早期発見、早期対応することが、その後のよりよい発達をもたらしますので、考え込まず、行動しましょう。虐待や発達障害などの問題行動の解説は、山内昭道監修『子育て支援用語集』（同文書院、二〇〇五）を参照してください。

4章

幼児期の発達と必要なソーシャルスキル

——一歳からを中心に——

1 幼児期の発達を理解しよう

自発性の育ち

幼児期は自発性が育つ時期です。親子の間に信頼関係ができあがると、しだいに外の世界へと好奇心が広がります。

一歳半をすぎてくると、子どもにはイメージ（表象）の世界が出てきます。砂場で遊んでいても、コップに砂をつめて、「ママ、プリン！」ともってきたりします。砂を「プリン」に見立てることができるようになったのです。目に見える世界と想像の世界をもてるようになったことは、子どもの発達にとってすばらしいことです。

また、この頃は自我が芽生えて、お母さんの言うことに「いや！」と言い出す時期でもあります。言葉や動作で自分の要求を伝えることもしだいにできるようになります。

二歳から五歳まで

二歳になれば自分のことを「○○ちゃん」と呼んだり、友達の名前も言いはじめます。お友達が泣くと「だいじょうぶ」と声をかけたり、おもちゃをもってきたりなどの行動も見られるようになります。

自分のものと他の人のものの区別がつくようになるので、所有欲が強くなります。そのため、もののとりあいなどのけんかが多くなります。

遊びに関しては、同じ場所で遊んでいてもお互いにコミュニケーションのない並行遊びや一人遊びが多い頃です。

三歳頃からごっこ遊びなど友達とのかかわりが多くなります。自発性がどんどん強まる時期です。自己主張がかなりがんこになり、親は手をやく時期でもあります。これが、第一反抗期です。身近で安心できる人に対しては、何でも言えるという感覚のあらわれでもあるので、健全な発達のしるしと言えるでしょう。がまんする力も少しずつ出てきます。

四歳頃になると、表現力が出てきて、自分の気持ちを伝えられるようになります。

けんかしても、けんかの後に思いやる気持ちが出てきたり、相手の気持ちが少しずつつかめるようになります。友達とのかかわりも出てきます。

五歳頃には、言葉が気持ちを他の人に伝える役割だけではなく、考える手段としても使われるようになります。自己主張もしますが、がまんするといった自己抑制の力もかなり伸びてきます。相手の表情などから気持ちを推測したり、どうしてそのような気持ちになるかわかるようになります（例　お友達が引っ越したので悲しそうにしている）。

2 幼児期に大切な7つのソーシャルスキル

スキル❶イメージの世界を広げる

赤ちゃんの時期をすぎると、すぐに友達と遊ばせたがるお母さんが増えたように思います。いっとき、公園デビューという言葉がマスコミで取り沙汰されたように、子どもを公園に連れて行ってお友達と遊ばせようとするお母さんがたくさんいました。

でも、せっかく連れて行っても子どもは他の子に関心を示さなかったり、おもちゃのとりあいで他の子をたたいてしまったり。他のお母さんの手前、子どもを怒ってばかりいたり、他のお母さんから白い目で見られたりして、お母さん自身が友達をつくれずに悩んだりする場合も少なくないようです。

しかし、子どもの友達づくりはそう急ぐ必要はありません。急ぎすぎたために、子どもは友達とかかわるのが不安になる場合があります。まずは、一〜三歳は、楽しく

一人遊びができればよいのです。

最初はまとまりのなかった遊びが、しだいに一つの玩具や遊びに熱中する時間がのびて構成されていきます。いろいろなイメージをもったり、手先や運動能力も発達するので、さまざまな遊びを考え出すようにもなります。

また、二歳ぐらいになると自分で達成できたと思えるとき、たとえば、積み木を高くつめたとき、にこっとしたりします。これを「熟達微笑」と言います。そんな様子を「やったね！」とやさしく受け止めてあげましょう。

子どものイメージの世界はこの時期どんどん大きくなって、砂場で「ごはん」「おだんご」「プリン」などさまざまなものをつくり上げて楽しみます。こうしたイメージを生み出す力はすごい力なのです。子どもの「つもり」や「イメージ」を理解してやりとりしてやるとよいでしょう。

「わーっ、すごいね」と受け止め、お父さんもお母さんも「おだんご、つーくろ」というように、「イメージ」がふくらむように一緒に遊んであげるとよいですね。こうして自分以外の人とイメージを共有できるようになると、しだいにお友達とごっこ遊びをするようになります。

＊スキル1のポイント
ポイント1：楽しめる遊びを、子どもと十分にする
ポイント2：子どもの遊ぶ姿をよく見てどんなイメージで遊んでいるか観察する
ポイント3：子どものイメージを豊かに広げる

スキル❷けんかのときにうまくかかわる

二歳になると、子どもに「所有欲」が出てきます。今まではおもちゃをとられてもボーっとしていたのに、「いや」と言って離さなくなります。でも、これは健康に発達しているしるしです。自分のものがわかりはじめたのですから、簡単に人に貸してあげたり、なくなっても平気な方がおかしいくらいです。

ですから、ものをとりあういざこざが増えてくるのは自然なことです。むしろ「自分のものだから大事にしようね」と教えるくらいでよいのです。他の子がとろうとしてけんかになったときは、学びの時間の到来です。同じものを他の人も欲しいという状況をはじめて体験するわけですから。

遊びはじめて間もないときだったら、他の子が貸してほしいからといって貸す必要

もありません。「今遊びはじめたところだから、もうちょっと待っててね」と相手の子に言ってもよいでしょう（お母さんが悩むのは、子どものためというよりは相手の子どものお母さんの手前どうしたらよいか、という場合が多いようです）。

ただ、子どもがすぐ理解できるかどうかは別として、発達の状況をよく見ながら「じゅんばんこ」などについてのソーシャルスキルについてもしだいに教えてやるとよいと思います。お母さんとのやりとりや、絵本などで日ごろから「こうするといいね」とか、「たたくとだめだね」といった善悪やルールを教えておいてあげましょう。

けんかをすることは、子どもの発達で大事なことです。けんかしてはじめて、他の人も自分と同じ欲求をもっていることや、自分と他の人の違いを学びます。けんかを経験させないことは、仲直りのしかたや、自分についての意識、他人の気持ちを推測する力の発達を阻んでしまいます。

けがをしない程度にいざこざを経験させて、いろいろな解決法や、自分の怒りや悲しみを抑える力、相手と仲良くする方法などを、**気長に忍耐強く**教えていきましょう。

親同士が気を遣って、大人の関係をこわさないがために、子どもに大人の期待する行動を強制しないようにしましょう。親同士こそ、子どもの身近なモデルですから、子どものためにも、少し様子を見たり、どうしたら子どもたちに大事なことを教えることができるかを話し合い、工夫していきましょう。

＊スキル2のポイント
ポイント1：けんかする前に、親が止めない（危険がない限り）
ポイント2：子どもの主張を受容しつつ、どうしたらよいか教える
ポイント3：大人の解決のしかたを強要せず、ケースバイケースで対応する

スキル❸安全な遊び場を提供する

一歳半になると早い子は走るようになり、二歳では両足跳びができるようになります。三歳をすぎると走ったり、跳んだり、投げたりといった基本的な運動がすべてできるようになり活動的になります。

遊ぶ楽しみもわかってくるので、遊びの内容も豊かになり、一つの遊びに集中する時間も長くなります。階段を二、三段飛ばして跳んだり、四歳ぐらいになるとブランコの立ち乗りをはじめたりします。五歳になるとジャングルジムの上の方まで行くようになるなど行動が活発になります。

その一方で危険も多く、けがをすることの多いときです。安全な環境を確認して、見守ってやるようにしましょう。

★チェック　安全を確認しましょう（日本赤十字社、二〇〇二より引用）。

■歩く時期（一歳〜二、三歳頃）

□階段に、転落防止の対策がしてありますか？
□テラスや窓のそばに踏み台となるものを置かないようにしていますか？
□ドアがばたんと閉まらない工夫をしていますか？
□かみそり、ナイフ、はさみ、包丁などを子どもの手の届かないところに置いていますか？
□くすり、たばこ、化粧品、洗剤を子どもの手の届かないところに置いていますか？
□テーブルの上の熱い飲み物、食べ物は子どもの手の届かないところに置いていますか？
□ストーブ、アイロン、ポット、やかん、なべなど、やけどの危険に気をつけていますか？
□子どもが一人でお風呂場に行くことはないですか？
□湯船に水をため置きしないようにしていますか？

□自動車に乗るとき、チャイルドシートを使っていますか？
■何でもできる時期（四、五歳から）
□子どもの遊び場や、おもちゃの安全について注意していますか？
□滑り台やブランコの乗り方を教えていますか？
□窓やテラスからの転落に注意していますか？
□階段では常に大人は下側についていますか？
□子どもが一人でお風呂場に入ることはないですか？
□道を歩くとき子どもの手をつないでいますか？
□刃物類は隠してありますか？
□ドアの開閉部分に工夫をしていますか？

スキル❹良いことと悪いことを教える

お父さんとお母さんは、「しつけ」と「叱る」ことを混同しがちです。しつけというのは、できないことを叱ることではありません。まずは、「できる」「できない」の判断をせず、わからないことを「教えてあげる」ことと考えましょう。

生まれてからまだ数年、放っていれば自然に「良いことと悪いこと」が頭の中にわき上がってくるものではありません。お父さんやお母さんが、あるいは身近な大人が教えてあげなければいけないのです。

それでは、教えてあげる方法にはどのようなやり方があるでしょうか。

まずは、**親がモデルになる**ことです。

子どもは、周りの人の行動を観察を通して学んでいます。幼児期は、お父さんお母さんのやることや話すことが、子どもにとってとても影響力のあるモデルなのです。ですから、それを意識して大人は行動しなければなりません。「怒っちゃだめ！」と怒っているお母さんの姿は、子どもにとっては「？」です。怒りつけるのではなく、教えてあげるクールさが要求されるのです。

ただし、緊急のとき、人に危害を与えるかもしれないときは、怒るのは止むを得ません。でも、こういう場合にせよ、「……するとケガするでしょう！」と理由を加える方が、子どもは怒られた意味を知ることができます。しょっちゅう怒られていては、メリハリがありませんが、そうでなければ、緊急のときなんだ！という状況を感じとることができるでしょう。

善悪の判断を心の中に深く刻み込むためには、「力によるしつけ」「愛情の除去によるしつけ」は効果がなく、**説明的しつけ**が効果があります。

「力によるしつけ」は、頭ごなしに怒ったり、体罰を与えたりするもので、その場の効果は大きいのですが、子どもは恐いからやめるようになります。ですから、恐い人がいなければ悪いことをしたりします。

「愛情の除去によるしつけ」は良いことをしたときには「お母さんは大好きよ」と喜ぶのに、悪いことをしたときは「そんな子は嫌いよ」と言うようなやり方です。これも、お母さんに好かれようと、お母さんの言うことを聞くのでその場の効果はありますが、親の顔色を見て動くので、何が良いことか悪いことかといった意味が心の中に深く刻まれません。

これに比べて、「説明的しつけ」は即時的な効果はありませんが、繰り返し、理由を教えることにより心の奥底にしだいに深く浸透していきます。

＊　スキル4のポイント
ポイント1：親がモデルになる
ポイント2：子どもに、なぜそうするのかがわかるように理由を教えてあげるように努める

スキル❺第一反抗期をしのぐ

幼児期後期は、「自分」という意識が出てくる頃です。世界中の子どもが「いや！（たとえば英語圏では、ＮＯ！）」と言いはじめるのですから、おもしろいではないですか。この頃になると、自我が芽生え、**自分の気持ち**を出しはじめるようになるわけです。

親「今日はデパートに行くから、このクック履いて行こうね」
子「いや！」
親「何で？　これかわいいよ」
子「いや！　おじいちゃんのくつがいい！」

親「おじいちゃんのくつは大きすぎるでしょ」

子「いや！」

親「いいかげんにしなさい!!」

といったことが日常茶飯起こるようになります。

余裕のあったお母さんお父さんも、だんだんカッカしてくることが多いでしょうし、扱いにくくなったと思うようになります。でも、これが大事な成長なのです。自分の思いを主張するようになったわけですから、すごいことじゃないですか。これからの長い人生、自分がないままでは生きてはいけないのですから。

人は自分と葛藤するものに直面してこそ、新しい発達段階へと歩みを進めていくのです。他人と葛藤する経験を通して「自分」に気づくと言ってもよいでしょう。

「みかん食べる？」「いや！」と言いながら、自分はみかんを食べたくない、りんごを食べたいのだというように、今まで気づかなかった自分を意識していくとも言えます。

この時期、親は子どもの「いや」をまともに受け止めて、何て聞き分けのない子だろうと思うかもしれません。でも、この頃の反抗は、親の考えをしっかり理解してそれに対して「いや」と言ってるわけではなく、何となく自分のしたいことをしたいといった欲求の表現なのです。

ですから、「そうだね、嫌か」「じゃあ、そうしてみよう」などと気持ちを受け入れてみたり、気分を変えてみたり、「自分でしたいんだね」とサポートしてあげるなど、ケースバイケースで対応してやるとよいでしょう。あれかこれかじゃなくて、選択肢をあらかじめたくさん用意しておくのもよいかもしれません。

＊スキル5のポイント
ポイント1：まともに「いや」を受け止めて、腹を立てない
ポイント2：自己主張ができるようになった発達を喜ぶ
ポイント3：前もって選択肢をもうけたり、子どもの気持ちを受け入れたりと臨機応変に対応する

スキル❻がまんを教える

幼児期は、自己主張も強くなりますが、がまんの力も育ってきます。親からすれば、がまんしていないと判断されるようながまんかもしれません。でも、それがこの時期の実力なのです。親は一五分ぐらいじっとすることを期待しても、子どもは五分がせ

いぜいだったりするのです。

なぜなら、子どもにはまだ**時間のものさし**が正確に動いていません。時計が読めるわけでもなく、見通しや、がまんのスキルが未熟です。それでも、年長になるとほしいものが前にあって、触ってはいけないと言われるような場面では、目そらし作戦を用いたり、他の遊びで気をまぎらすなど、子どもなりには一生懸命がまんしている様子がよくわかります。

たまに、スーパーマーケットや、電車の中で厳しく叱られている子どもがいますが、ちょっとかわいそうに思うときがあります。

母親　「お母さん買い物してくるから、ここでちょっと待っててちょうだい」

子ども　（うんとうなずく）

お母さんの言う「**ちょっと**」という時間は、子どもにとっては本当に数分のことです。でも、たいていの場合、お母さんは数分で用事をすませては戻ってきません。子どもにとっては果てしない時間だと感じられることでしょう。お母さんを探した方がよいと思ったり、他の誘惑にかられてしまうこともあるでしょう。

電車の中でも同様です。長い時間をひたすら静かにさせるのは無謀というものです。

子どもにしてみれば、どれくらいの時間静かにしていなければいけないのか予想がつきませんし、時間を展望することができません。また、動いてはいけない場所、大きな声でしゃべってはいけない場所でじっとしていられるスキル（大人なら読書、寝る、携帯電話でメールを打つ、など）が未熟なのです。

そういう意味では、子どもができそうな課題で、その課題をクリアできるように、**事前に**スキルを教えてあげる必要があります。そして、できたときにはほめてあげましょう。

幼児期後期では、滑り台やブランコなども**かわりばんこ**ができるようになります。自分の順番を待つ方がよいと判断できるようになるのです。また、「してはいけない」ことをしだいに理解して、たたいてもたたき返してはいけないことなどがわかるようになります。しかも、悲しいことや悔しいことがあっても、いつもは難しいかもしれませんが、すぐに爆発させないで、がまんできるようにもなります。おかたづけなどのやりたくないことも、しだいにやれるようになっていきます。このように、やりたいことをやらずにがまんしたり、やりたくないことをやるというセルフコントロール（自己統制）の力を獲得していくのです。

＊スキル6のポイント
ポイント1：まず子どもの実力を知る
ポイント2：少しがんばったらできる課題を出し、課題をクリアするルールやスキルを教える
ポイント3：できたらほめる

スキル❼きょうだい関係を仲良くする

子どもが幼児期になると、下にきょうだいができる場合が多いと思います。ひとくちにきょうだいと言っても、いくつ違いであるとか、同性か異性かによって関係も違いますが、相談として多いのは、きょうだいげんかや赤ちゃんがえりの問題です。

下にきょうだいができるまでは、家族のだれからも一番かわいがられ、いつも注目の的だったのが、きょうだいができるとみんな下の子に注目し、お母さんまで下の子のことばかりということになります。その結果、たいてい上の子は赤ちゃんがえりをします。オムツがとれていたのにまたオムツが必要になったり、下の子をたたいたりといったような行動が見られるようになります。

こうしたことを予防したり緩和するためには、下のお子さんがおなかにいるときから、お母さんお父さんと一緒に、「**どんな**弟や妹が生まれてくるかなー」など、あらかじめ下の子の誕生を理解させたり、一緒にきょうだいが登場する絵本などで、お兄ちゃんやお姉ちゃんの役割や自覚などを少しずつもたせるようにしておくとよいでしょう。

また、下の子ができても、下の子が寝た後など上の子だけのお母さんタイムなどをつくってやりましょう。「お兄ちゃん（お姉ちゃん）ってやっぱりスゴイね」といった**言葉かけ**もふんだんにしてやります。できれば、下の子を世話するときに上の子を邪険に扱うのではなく、お父さんやお母さんの右腕のように接してやり、手伝ってもらうとよいと思います。

「お姉ちゃん（お兄ちゃん）、あそこのオムツとってきてくれるー、えらいねー、お姉ちゃん（お兄ちゃん）は一人でトイレに行けるんだよね」といった言葉かけが効果的です。

ミニ情報　幼児期から大人までのソーシャルスキルを育む絵本

1 『にじいろのさかな』

美しいうろこが自慢の「にじいろのさかな」。しかし、他のさかなと分かちあうことを拒む限り、友達をつくることが難しいことを知る。

(著者・絵) マーカス・フィスター
(訳者) 谷川俊太郎
(出版社・刊行年) 講談社　一九九五

＊大事なものをシェアすることによって友情が芽生えることや、友達の喜びが自分の喜びにつながることを教える。

2 『にじいろのさかな　しましまをたすける!』

「きらきらうろこ」をもった「にじうお」とその仲間達。きらきらうろこをもたない「しましま」は仲間はずれになる。にじうおは勇気を出して、しましまを助け、最後にはきらきらうろこがなくてもみんな仲間だと認めあえるようになる。

(著者・絵) マーカス・フィスター
(訳者) 谷川俊太郎
(出版社・刊行年) 講談社　一九九七

＊だれもが友達と仲良くすごしたいと思い、友達を求めあっていることに気づき、相手のことを考えることができる。

3 『ありがとうのきもち』

「あーちゃん」が引っ越すことになり、友達のみんなが気持ちを込めてカードを渡す。けれども、あーちゃんはカードがきっかけで友達とけんかをしてしまう。

(著者) 柴田愛子　(絵) 長野ヒデ子
(出版社・刊行年) ポプラ社　二〇〇二

＊自分の気持ちを伝えるばかりでなく、相手の気持ちを考えた言葉の大切さに気づく。

4 『ともだちや』

友達になってあげることを商売にし、お金を稼ぐキツネ。ある日オオカミとの出会いにより、本当のともだちとは何かということに気づく。

(著者) 内田麟太郎　(絵) 降矢なな
(出版社・刊行年) 偕成社　一九九八

＊だれもが友達を求め、仲良くすごしたいと思っていることに気づく。

5『ちびおおかみ』

おおかみ兄弟の末っ子「ちびおおかみ」は、風変わりであることから家族にからかわれている。悩んだ「ちびおおかみ」は、「ねずみ」のおかげで自らの個性に気づくこととなる。

（著者）ゲルダ・ヴァーゲナー
（絵）ヨゼフ・ウィルコン
（訳者）鷺沢　萠
（出版社・刊行年）講談社　一九九八
＊人はそれぞれ興味関心の違いや得意・不得意があって、それが個性であり、自分らしさであることに気づく。

6『ほんとうのことをいってもいいの？』

お母さんに叱られ、本当のことを言うと心に決めたビリー。しかし、本当のことを言うにも、相手を考えて言わなければならないことに気づく。

（著者）パトリシア・C・マキサック
（絵）ジゼル・ポター
（訳者）福本由紀子
（出版社・刊行年）ＢＬ出版　二〇〇二
＊本当のことを言うことと思いやることとどちらが大切なのか、どう行動すればよいのかを考えさせる。

7『キツネ』

飛べないカササギと目の見えないイヌが助け合って生活をしている。その様子をねたむキツネは、カササギをそそのかし、カササギはイヌを裏切ることに。

（著者）マーガレット・ワイルド
（絵）ロン・ブルックス
（訳者）寺岡　襄
（出版社・刊行年）ＢＬ出版　二〇〇一
＊自分の欲求と、友情との葛藤を考えさせ、問題解決能力を育む。

8『くれよんのくろくん』

他のいろと混ざって絵を描くことのできない「くろくん」。シャープペンシルのお兄さんのおかげで、みんなと仲良くできるようになる。

（著者・絵）なかやみわ
（出版社・刊行年）童心社　二〇〇一

＊自分の思いをうまく伝えられず不適切な行動をしやすいが、よりよい解決法を知る。

⑨『ずーっと ずっと だいすきだよ』

「ぼく」と「エルフィー」はともに育ち、「ぼく」の成長とともに「エルフィー」は年老いて、やがて死んでしまう。心から愛を伝えることの大切さを知る。

（著者・絵）ウィルヘルム・ハンス
（訳者）久山太市
（出版社・刊行年）評論社　一九八八
＊自分なりに考えたこと、気持ちを表現することの大切さを知る。

⑩『そらまめくんとめだかのこ』

「そらまめくん」達が水溜りでベッドを浮かべて遊んでいると、ベッドが水の中へ落ちてしまう。水の中にいた迷子のめだかを見つけ、めだかを小川に返すためにみんなで知恵を出しあう。

（著者・絵）なかやみわ
（出版社・刊行年）福音館書店　二〇〇〇
＊周りの子へのちょっとした思いやりで、友達を助けてあげることができることがわかる。

⑪『そらまめくんのベッド』

友達からベッドを貸してほしいと頼まれ、断った「そらまめくん」。突然ベッドがなくなり、ベッド探しの旅へ出る。そこで「うずら」が「そらまめくん」のベッドを使っているのを見つけ、使い終わるまで見守ることとなる。

（著者・絵）なかやみわ
（出版社・刊行年）福音館書店　一九九七
＊友達の思いを受け入れることの大切さに気づく。大切なものをシェアする喜びを伝える。

⑫『みどりのしっぽのねずみ』

一匹のねずみが教えた「マルティ・グラ」によって、野ねずみたちの町から平和が消える。野ねずみたちが町に平和を取り戻す様子を描く。

（著者）レオ＝レオニ
（訳者）谷川俊太郎
（出版社・刊行年）好学社　一九七九
＊人にはそれぞれ個性があり、その個性を生かして認めあって生きていくことがお互いに信頼しあい、安心して生活していけるために大事なことであることに気づく。

⑬『島ひきおに』
ひとりぼっちで暮らす鬼が、人間と友達になるために人間の要求に応じる。ところが、鬼は人間達から恐がられてしまい、鬼はまた新たに友達を求め、さまようことになる。
（著者）山下明夫　（絵）梶原俊夫
（出版社・刊行年）偕成社　一九七三
＊仲良くすごすために必要なことは何かを考える。

⑭『かお　かお　どんなかお』
親しみを感じやすく、日常生活の中でだれでもが表す表情。顔の絵を見て気持ちを考えさせる。
（著者・絵）柳原良平
（出版社・刊行年）こぐま社　一九八八
＊いろいろな表情、感情があることに気づかせる。

⑮『いどにおちたぞうさん』
いどに落ちたぞうさんを助けるため、動物たちが力をあわせる。動物たちの中には小さなねずみもいた。ねずみは笑いものにされるが……。
（著者）マリー・ホール・エッツ
（訳者）田辺五十鈴
（出版社・刊行年）冨山房　一九七八
＊友達と仲良く助け合うことの大切さを感じとる。

⑯『ごめんね　ともだち』
オオカミとキツネが遊んでいるうちにけんかをする。お互いに謝りたいが、なかなかできない二人。しかしキツネは大きな木の下で涙を流して反省する。
（著者）内田麟太郎　（絵）降矢なな
（出版社・刊行年）偕成社　二〇〇一
＊意地やプライドを捨て、大好きな友達を失わないために、素直な一言が大切なことを伝える。

⑰『星空のシロ』
飼い主に捨てられた犬のシロ。シロは動物管理事務所から病院の施設に連れてこられ、実験で大きな手術をされてしまう。その後シロは「さやかさん」の世話によって元気を取り戻すが……。
（著者）井上夕香　（絵）葉　祥明
（出版社・刊行年）国土社　一九九八
＊命あるものへの思いを大きくし、命あるものを大切にする心を育む。

⑱『にじいろのさかなとおおくじら』
にじいろのさかな、「にじうお」とその仲間達の近くに現れた「おおくじら」。お互いの誤解のために関係が悪くなり、大変なことに。にじうおは勇気を出しておおくじらに語りかける。
（著者・絵）マーカス・フィスター
（訳者）谷川俊太郎
（出版社・刊行年）講談社　一九九九
＊分かちあうことによる友情の芽生え。

⑲『こわくないよ　にじいろのさかな』
重病のこぶうおを助けるためには、悪魔の谷の赤い海草が必要。「にじうお」と「あかいさかな」は決死の冒険に出発する。
（著者・絵）マーカス・フィスター
（訳者）谷川俊太郎
（出版社・刊行年）講談社　二〇〇二
＊友達のために、勇気を出すことが必要なこともあることを感じさせる。

⑳『からすたろう』
みんなと同じことができず、ばかにされ続けてきた「ちび」。だが、あるとき担任の先生は「ちび」のすばらしい面を見つけ、以来周りの人たちの「ちび」を見る目が変わる。
（著者・絵）八島太郎
（出版社・刊行年）偕成社　一九七九
＊みんなとちょっと違っていることで受け入れられないことがあるが、見方を変えてあげることで関係が変わっていくことを教えてくれる。

㉑『ほんとはちがうよ』
ハリーとマットは大の仲良し。いつも一緒に行動している。ある日、ハリーのところへジョンおじさんがやってきて、ハリーはおじさんと旅に出たくなる。そんな気持ちを知ったマットは一人になるさびしさから、心と別のことばかり言うようになる。
（著者・絵）かさいまり
（出版社・刊行年）岩崎書店　二〇〇四
＊好きなのに嫌いと言ったり、言葉と心がけんかして素直になれないことがあるが、大切な友情を失わないためにはどうしたらよいかを考えさせる。

㉒『いもうとのにゅういん』
姉のあさえの大好きな人形「ほっぺこちゃん」を、

妹のあやはいつも姉の留守中に使ってしまう。あさえは腹を立てるが、あやが入院したことで人形をあげようと考える。
（著者）筒井頼子　（絵）林　明子
（出版社・刊行年）福音館書店　一九八七
＊いつもけんかしてしまうきょうだいの気持ちを考え、思いやることや家族の大切さに気づかせる。

㉓**『ロンポポ―オオカミと三にんのむすめ』**
お母さんがドアを開けないように言って出かけるが、オオカミは、おばあさんになりすましてドアを開けさせてしまう。三姉妹は、月を見に行こうとオオカミを誘い出す作戦に出る。
（著者・絵）エド・ヤング
（訳者）藤本朝巳
（出版社・刊行年）古今社　一九九九
＊危機に直面したとき、その状況から脱するためには当事者の立場を推測し、複数の人々の意見を調整し、冷静に判断する力が必要なことに気づかせる。

㉔**『とん　ことり』**
新しい街に引っ越してきた「かなえ」。荷物の整理をしていると、玄関で小さな音が「とん　ことり」。謎の郵便を通して新しい友達との出会いが始まる。
（著者）筒井頼子　（絵）林　明子
（出版社・刊行年）福音館書店　一九八九
＊自分に思いがあるように、相手にも思いがあることに気がついてほしい。自分の気持ちを伝え、友達の考えをきちんと聴くことの大切さをわかってほしい。

5章

児童期の発達と必要なソーシャルスキル

1 児童期の発達を理解しよう

環境の変化

幼児期から児童期にかけての変化は大きいものです。何しろ、授業という学習時間が多くなり、自由に遊ぶ時間が多かった幼稚園時代から様変わりします。たくさんの先輩の歩く中を、家から少し離れた学校までの行程を子供同士で出かけていきます。幼児期のように親がお迎えに来てくれることはなくなります。

長い時間、学校のイスに腰かけていろいろな科目の授業に集中しなければなりません。ルールも多くなり、勝手に行動することもできませんし、先生に言われたことをよく聞いて、お家に帰ってお父さんやお母さんに伝えなければなりません。

他者とのかかわりを学んでいく

発達心理学者のエリクソンのライフサイクル理論（他者や社会とのかかわりの中での心理発達を8つの期に分けてとらえた）では、人間の発達段階において児童期は勤勉性がもっとも高い時期で、がんばる気持ちの強いのが特徴とされています。ただし親や教師の期待に応えていこうというモチベーションが高い一方で、他の人と自分を比べる力も出てきて、苦手なことについて劣等感をもったりする時期でもあります。

また、他の子から自分がどう見られているかなどを予測する力が向上し、思いやりも身につきますが、他の人からどう思われるかを気にするようにもなります。互いに気持ちを勘違いして、友達とトラブルを起こすようにもなります。

ですが、こうした友達との、ときにはトラブルになるようなかかわりから、協力すること、仲直りすること、思いやり、ルールなど人として大切なソーシャルスキルをたくさん学んでいきます。

最近は仲間と遊ぶ機会が減っており、友達をつくったり、友達関係を維持したりといったスキルが学べていないのではないかという指摘がたくさんなされています。

2 児童期に大切な14のソーシャルスキル

1 生活意欲を育てる

「勉強しなさい！」「宿題はしたの！」……。こうした言葉は、ついつい親の口から飛び出す言葉ではありますが、こうした言葉を毎日シャワーのように浴びたとしたら、果たしてやる気が出るでしょうか。

「あー、もう やだ、やりたくない！」という気分になってしまわないでしょうか。親は、子どもとの間で悪循環になるのを恐れながらも、ついついこうした言葉を抑え切れず、悪循環の火蓋を切ってしまいます。

少し立ち止まって、自分がふだん子どもに浴びせかける言葉を拾ってみましょう。朝起きてから寝るまで、子どもにかけた言葉を拾ってみるのです。そして、子どもがどんな反応を示したか思い返してみましょう。

	親		子
朝	「早く起きなさい、遅れるわよ！」	⇩	「うるせえなー」
	「さっさと食べなさい、遅刻するわよ！」	⇩	「……」
夕方	「おかえり、宿題早くすませなさいよ！」	⇩	「わかったよーっ！」
	「学校どうだった？」	⇩	「別に」

★チェック　あなたのお家ではどうでしょう？

親		子
「　　」	⇩	「　　」
「　　」	⇩	「　　」

悪循環になっていませんでしたか？　互いに心がふれあうひとときがあるでしょうか。すべての会話がそうなる必要はないでしょうが、コミュニケーションを楽しみ、互いの心をサポートしあうようなやりとりが望まれます。

スキル❶言い方を変えてみる

ちょっとした言い方を変えるだけで、子どもの気持ちはずいぶんと変わるものです。つき放すばかりの言い方ではなく、「一緒にやってみようか」「がんばったのに、がっかりだね。でも、…」など。親の鬱憤《うっぷん》をはらすのではなく、子どもが結果を前向きにとらえられるように、また、「自分はやれるんだ」という有能感をもてるように言い方を変えてみませんか？

★チェック　言葉かけのスキルのポイントをチェックしましょう。

□「…しないで！」よりも「…しよう！」とできるだけポジティヴに言います。

□長い、抽象的な言葉かけよりも、手短に具体的な言葉にしてみましょう。「机の上のものをみんなかたづけなさい」、と言うよりも、「机の上のノートを右の整理棚にしまいなさい」、と言うようにします。

□少しは時間をあげましょう。命令してすぐにとりかからないと、親の方がかんしゃくを起こしてしまうことも多いと思います。でもちょっとがまんして考えて取り組む時間をあげます。

□できたときはあたりまえと思わず、ほめてあげます。したくないことをしたり、……
したいことをがまんしたりという、セルフコントロールの力を育てることが大切です。
……

2 友達にかかわる

スキル❷友達づくりに焦らない

児童期の友達関係は親にとって心配なものです。一年生の新学期など、友達ができただろうか、いじめられていない（もしくは、いじめていない）だろうか、と不安なために、子どもが帰宅すると「友達できた？」などとあれこれ尋ねることがあると思います。ただ、あまり心配そうに焦って尋ねると、子どもにとっては友達をつくるのがかなりのプレッシャーになります。

スキル❸子どもの気持ちを受け止める

友達がほしいのは、子ども自身です。ですから、親に尋ねられて「まだ」と応えなければならないのは苦痛なものです。

とはいえ、親も心配ですから聞きたくなる気持ちもよくわかります。軽く聞いてみて反応がなければ、楽しい話題にかえて、子どもの口からお友達の名前が出てくるのを少し待ってやるとよいと思います。

参観などにはできるだけ参加しましょう。クラスの雰囲気や子どもの様子を見てあげると家庭とは違う別の子どもの側面がよく見えます。

小学校に入ると「社会的比較」が強くなり、他の子と比べることが多くなります。「自分は…が得意」という意識が高まる反面、「自分はこれが苦手」など、劣等感も生まれてきます。

また、友達が自分と違う存在であることに気づき、友達の気持ちもわかるようになります。ただし、まだまだ表面的で、相手が笑っていたら「うれしい」、泣いていたら「悲しい」という理解のしかたです。

小学校中学年に入ってくると、友達が自分をどう思っているか、自分が友達をどう思っているかを友達はわかっている、といった視点をもてるようになります。また、思っていることと表情など外に表れる行動とがずれることにも気づくようになります。

高学年になれば、自分で自分を客観的に見たり、第三者としての視点をとれるようにもなります。したがって、友達関係も複雑になり、トラブルも単純なものでなくなります。

このように、児童期は対人関係にかかわる心が急速に発達する時期と言えましょう。親は、子どもがどのようなことを考えられるようになったかを理解したいものです。そのためにはできるだけ会話をして、子どもの話し方や気持ちを聞いてあげましょう。「〇〇ってひどいんだよ。こそこそ話すんだもん」とか「＊＊ちゃんは、××ちゃんが…って思っていることわからないんだよ」といった話から、子どもにどれくらい対人関係の力が育っているかを理解してやります。

スキル❹葛藤を乗り越える

子どもから友達関係の問題を聞いたときには、「＊＊＊みたいなこと言っちゃだめだよ」と子どもの訴えをすぐに否定せず、気持ちを受け止めてやったうえで、いろいろな考え方があることを話して、落ち着いてアドバイスをあげたいものです。

子どもの様子や話から深刻だなと思ったときには、躊躇《ちゅうちょ》せず学校の先生などに相談しましょう。「ちょっとがまんすれば」とか、「時間がたてば」とのんびり構えすぎたり、親自身の用事や仕事などに気がいきすぎていると事態が悪い方向に行く場合があるものです。

ただし、こうした対人間の葛藤は、子どもにとってもストレスですが、葛藤を経験するのは子どもの人格形成のうえで**重要な機会**であると多くの研究で考えられています。複数の人の期待や欲求がぶつかりあう経験を何度も積み重ねる中で、しだいにどのように調整していくとよいのかといった高次のレベルの思考ができるようになります。

また、最初は親がかりだったことが、しだいに自分で解決するスキルも身についていきます。ですから、親にとっても悩ましいことかもしれませんが、人生においての重要な経験だと考えて、真剣に相談にのってやりましょう。

■葛藤のエスカレーターを知る

人が人と葛藤するときには、そのプロセスは必ず**エスカレーター**のようになっています（第2章のミニ情報参照）。つまり、「A…どうしたの、ぼやーっとして」→「B…ほっといてよ」→「A…何、その態度」→「B…ただ、考え事してただけじゃん」、

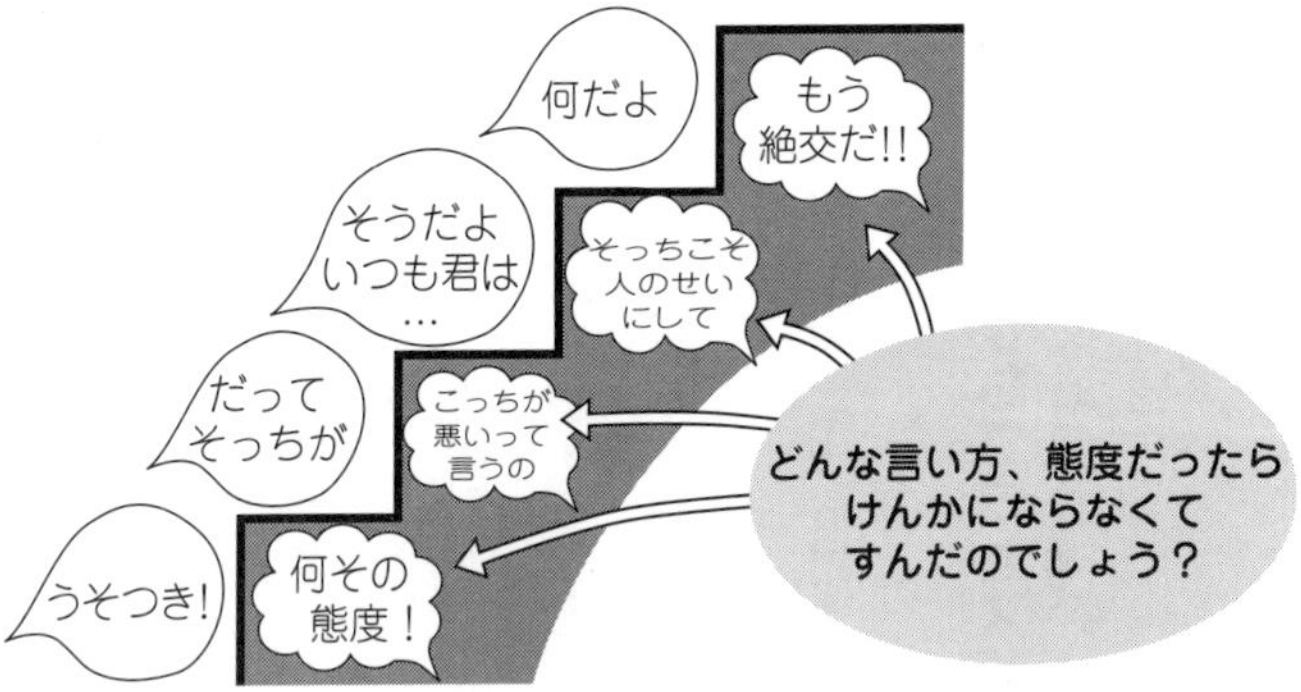

図4　葛藤のエスカレーター

というように、それぞれの相手への配慮のない態度が互いをどんどん刺激して、怒りが上りのエスカレーターのように高まっていくのです。

また、葛藤が解決するときには、下りのエスカレーターのようなコミュニケーションになります。そうした売り言葉に買い言葉のような状況を理解して、だれがどこで、どんな態度をとれば悪い事態は抑えられたか、といったことを一緒に考えることも、次の機会に生かす知恵となるので、よいトレーニングになります。

3　やる気を育てる

児童のやる気は、乳児期での安定した情緒の形成や幼児期での自発性の高まりを経て育ちます。学校生活に入り、新しいさまざまな経験から、今まで知らなかったものについて、友達と一緒に学び、課題に対して熱中して取り組む経験を重ねるようになります。一生懸命行動することへの喜び、がんばっていることへの誇りを感じることができるようになるのです。

「勉強が楽しい」「またやりたい」、そんな気持ちがむくむくとわく時期なのです。こうした勤勉意欲が高まる児童期において、親のかかわりはとても重要です。

スキル⑤結果よりもプロセスを楽しむ

まず親自身が、学ぶことの楽しさ、結果よりも**プロセスの大切さ**を知っていることが大事です。「そんな気持ちどこかに置いてきちゃったわ」という方は、この際、子どもと一緒にいろいろなことを学ぼう、楽しもうというのりでよいのではないかと思います。

子どもが持ち帰ってきた教科書や宿題を、一緒に「へー、ふしぎだね」とか「うーん。難しいけどおもしろいね」と言いながら見られる時間がつくれるといいですね。ときには、遊びがてら近くの博物館や図書館に出かけたりすると、さらに学びの世界が広がって、楽しいものとなるでしょう。

結果だけで判断するのはやめましょう。よい点をとってきたときに、ほめてやるのはよいことですが、悪い点をとりたててダラダラと叱ったりするのもやめましょう。ほめるときも、得点がよかったということよりも、がんばったプロセスをほめてやることが大切です。

「なんだ、●●点か（結果にこだわる）」とか「ぜんぜん勉強してなかったからよ（子どもの心に添わないで全否定）」といったちょっとした言葉が、子どものやる気をむしばんでいくものです。自分が言われたときのことを常に考えて言葉をかけましょう。

スキル❻自尊心を高める

小学校中学年をすぎると、他のお友達と自分とを比べる力が発達します。そのため、自分の得意なところもわかりますが、苦手なところも気になりはじめます。

得意なところは自尊心とつながってきますが、苦手なことは劣等感を形成しやすいものです。劣等感はだれでも苦しい、嫌な気持ちですが、こうした感情は、他者を思いやる気持ちにもつながり、人間的な広がりをもたせる気持ちで、ある意味では大事な感情だと思います。

ただし、自尊心は低くなり、劣等感ばかりが大きくなることは、やる気を失わせ、無気力な気持ちを形成したりするようになります。

したがって、得意なところは**おおいにほめ、認めてあげる**ことによって自尊心を育むことが必要です。苦手なところは、だれにでも劣等感はあること、結果がすべてでなく参加することに意義があることや、そうした苦手なところを受け止めていくことが大切です。こうしたことを機に応じて伝えていくことが大切に思います。

スキル❼失敗を努力のせいとし、成功経験を与える

年齢とともにテストも増え、低学年のときのようにいつも良い点がとれる機会も少なくなります。悪い点をとるという経験をする子も多くなるように思います。そんなとき、「自分なんてどうせだめだ」といった気持ちをもってしまうことも多いのではないでしょうか。

そんなときに、親はどうかかわったらよいのでしょう。「自分なんてどうせだめだ」という考えに陥っているときは、多分に失敗を自分の能力のせいにしている場合が多いものです。

そんなときは、**能力のせいにしない**ことが大切です。「頭が悪いから」といった言葉かけは「テストの失敗」を「能力」のせいにさせるようになります。能力のせいにしてしまうと、子どもはやる気を失います。なぜなら、能力に原因を求めることは、「どうせ頭が悪いんだから（自分が悪い）、勉強してもしかたがない（能力は時間がたっても変わらない）」、という気持ちになりやすいのです。

これに対して、自分に能力がないのではなく、努力が足りなかったのだと思わせるのはよいことです。能力と同様、努力も自分に原因を求めますが、努力は時間によっ

て変化する感覚をもたせます。努力しなかったことが失敗を招いたという考えは、努力すれば成功するという図式を期待させるものです。

そのため、親は「やればできるわよ、がんばりなさい」と声をかけるのはよいことです。能力のせいにせず、努力を促すことになるからです。努力しだいで結果が期待できることを教えるからです。

ただし、ここで大きな落とし穴があります。児童期の子どもは素直で、一生懸命がんばる傾向が強い時期です。テストで失敗しても、「がんばればできる！」という励ましは強い励ましとなり、結構子どもはがんばります。

しかし、もしがんばった結果、また悪い結果に直面したらどうでしょう。さらに、「がんばれ、がんばれ」と励ませばよいでしょうか。それでもなおがんばって、やっぱり成果が上がらなかったとき、子どものやる気はどうなるのでしょうか。

そうです。がんばっても悪い結果を得ることになれば、子どもはかなり固定した無力感に陥ってしまいます。努力してもだめだったということは、努力してもしかたがない、ということになり、結果的に、自分には能力がないという原因の求め方になってしまうのです。

したがって、「がんばればできる」という「努力」や励ましだけでなく、「がんばればできた！」という**成功経験をさせる**ことが大切です。成功経験をさせるためには、まずその子の現実の水準をきちっと見てやり、その子の現在の水準を基準にしてがんばればできそうな水準を目標にするのが大切です。

いつも、六〇点をとる子には七〇点、七〇点をとる子には八〇点といったようなスモールステップによる目標の立て方が大切なのです。そうすればすべての子が、目標を達成する経験をすることができるのです。そして、そうした経験をしたときを見逃さず、必ず成功した気持ちになれるよう、達成感が得られるようにフォローしてあげましょう。

「自分はやれる！」といった気持ち（自己効力感と言います）をもつことができれば、だんだんフォローしなくても自分で乗り切れるようになります。

4 公平感を育てる

スキル❽公平感の発達を理解する

小学校低学年においては、子どもはものを分けたりするときに、同じ数だけ分けることをたいてい公平と考えています。友達と自分の二人でお菓子を分けるときは、半分こが一般的です。結果を等分することが、けんかしないで仲良くできる解決方法であると思っているからです。

ですが、小学校中学年になると、努力したら、あるいは貢献したらたくさんもらってもいい、という考え方をもつようになります。また、高学年になると、貢献したものや努力したものが多く分配されるべきという考え方から、能力の高い人、必要性が高い人にあげた方がよいのでは、という考えが出てきます。さらには、各人の状況をかんがみて分配するという考え方へと発達していきます。

したがって、親は**子どもの公平感**を健全なものに育てていくために、いろいろな状況に応じて子どもの発達に添いながらどのように対応するべきかを考慮していかなければなりません。

たとえば、きょうだいのお小遣いの額やお手伝いの与え方、きょうだいげんかのときの対応のしかたなど、子どもたちがどのようなことに不公平を感じているのか、どういった解決方法がもっとも適切なのか、という点に親は繊細になるとよいと思います。

というのも、長い間不公平感をもち続けすぎると、子どもの心は不満や怒りでいっぱいになってしまいます。子どもには子どもの理由もあります。親には親の価値観があります。ここでは、親の価値観を譲るべきと言っているのではありません。子どもがどのような公平感をもっているかを理解しつつ、親の考え方をしっかりと説明してやるべきだと思うのです。頭ごなしに親の価値観を押し付けるのではなく、子どもが理解できるような説明を心がけます。

特に、きょうだいは親の愛情をとりあっているところがあります。親はどの子も同じように愛しているつもりでも、子どもはちょっとした不公平に敏感なものです。「お兄ちゃんは今日えらかったよ」と単純にお兄ちゃんをほめたつもりでも、弟は「自分は今日はえらくなかったんだ」ととらえたりするのです。

スキル❾親自身の価値観を知る

公平感というのは、実は、人間が生きるうえで非常に大切な概念の一つです。子ども達だけではなく大人同士の会話を聞いてみても、それがとてもよくわかります。「まったく、あの人はずるいよ」「不公平なんだよね」「先生はえこひいきする」「こんなにがんばってるのに評価されてない」「割があわないよ」……といった具合に、私達は、公平かどうか、といったことにとても敏感なのです。

ときをさかのぼればアリストテレスやプラトンの時代からの哲学的な問いでもありますし、資本主義、社会主義といった国家、社会の問題も「公平」という概念が中心課題になっているのです。世界各地での悲しい惨禍や戦争も、資源の配分など不公平感が原因の一つにあるように思います。

自分と他の人が公平な関係にあるかどうかについての判断は、上のような等式が成り立つといった考えがあります。

$$\frac{\text{自分へ与えられた報酬・結果}}{\text{自分の投資・努力}} = \frac{\text{他人へ与えられた報酬・結果}}{\text{他人の投資・努力}}$$

つまり、自分が努力したり、投資したと思う質的・量的なものに対してどれだけ報われたかといった割合が、他人ががんばった、あるいは投資したものに対しての見返りの割合を比べて、同じだった場合には公平感をもちます。しかし、自分の方が高い割合のときには優越感や得をしたと感じ、他人の方の割合が高いと不公平だ、他人の方が得をした、という思いが強くなるというのです。

ただし、何を努力、投資と見るか、報酬や結果をどのようなものと考えるかは、価値観によって異なります。

★チェック　次の例を考えてみましょう。

小6の姉Aちゃんと、妹で小2のBちゃんが、勉強しています。上のお姉ちゃんは机に向かって1時間以上宿題をしているようですが、ときどき漫画を見たり、友達に手紙を書いたりして、ながら勉強をしています。妹のBちゃんは、机に向かったのは15分だけでしたが、集中して宿題を終わらせました。

こんなとき、お母さんやお父さんは、どちらの態度を高く評価するでしょうか。努力をして「机に向かっている時間」を基準にする人がいるかもしれません。その場合、全体に座っていた時間で評価すると「Aちゃん／Bちゃん」は「1時間以上　対　15分」ということになります。

あるいは、実質的に宿題に取り組んだ時間で判断したい人もいると思います。また、勉強方法という質的な面で評価する人もいると思います。宿題の中身を考慮して判断したい人もいるでしょう。はたまた、年齢を加味して、「6年生で1時間、2年生で15分」ということを比べたり、結果を考慮した総合的な基準をもとに判断する人も少なくないでしょう。

このように、知らず知らずに生活の中で、**親の価値観**があらわれてきます。そうした価値観のもとでしつけられるうちに、子どもに親の考え方、価値観がしだいに伝えられていくのです。ですから、日々の生活の中で、子どもに適切な公平感の判断基準を教えてやるためには、まずは親自身がどんな価値観をもっているのか**自己分析**してみるとよいでしょう。

言ってることと普段の態度がずれていたり、気分で変わっていたりすると子どもは強く反発するものです。子どもに伝えたい価値観を考えましょう。

5 問題を解決する

スキル❹では対人関係の葛藤について説明しましたが、ここでは実際にどのようにその問題を解決するか、事例を通して考えてみましょう。

★チェック　あなたならどうアドバイスしますか？

最近、小学3年生の娘は同級生の子とそりがあわなくなり、一人で下校しています。寂しそうに一人で下校してくる娘を見るたびに、「もとの友人関係に戻れないのかな」とか、「他の子ども達と積極的に遊んだらいいのに」と思い、はがゆい気持ちです。自分（母親）の友人関係もうまくいっていないことや、自分がこういう性格なので子どももこういうことになるのではなどと考えてしまいます。

小学校3年生は、人の心は外から見ただけではわからないということにしだいに気がついてくる時期です。

低学年のうちは、自分が「この子大好き」と思うと相手も絶対自分のことが好きといった思い込みが強いので、友達関係も比較的あっけらかんとしています。ところが、七、八歳をすぎてくると自分が好きだと思っていても、お友達がそう思っているとは限らないことや、顔では笑っていても実は怒っていることもあることに気づいてきます。大人に対してもホンネとタテマエがある、などと感じるように敏感になってきます。

そのため、ひとりぼっちの孤独を感じたり、対人関係に不満や不安をもったりするようになります。これは、体験としては辛いことです。しかし、「こころ」がたくましく成長していくうえでは避けては通れないのです。だれもがこうした経験をいくつも積み重ねていきながら、「友達って何だろう」「友達をつくったり、友達関係を続けていくためにはどうしたらいいんだろう」といった知恵をつけていくものです。

「一方的に誘っていると人は嫌になっちゃうことがあるから、少し間をあけて誘ってみよう」とか「近所だからと気にせず、少し遠くても気のあう子と遊ぼう」とか「いつも相手のお家で遊んでたから、今度は自分の家に誘ってみよう」といった具合です。

スキル⑩話を聞く

子どもの友達の世界を親が自由につくり上げたり、こわしたりすることはできませんが、子どものいらだちや悲しみ、寂しさを聞いてやわらげてあげることはできます。子どもの考え方や行動を責めたり、早急に何とかしようと焦らないで、まずは聞いてあげましょう。話をしっかりと誠実に聞いてあげることは、子どもの苦しさを減らすことになるでしょう。また、じっくりと聞いてあげることによって、子どもがどのような考え方をしていて、どういった面が未熟なところかもわかります。

スキル⑪叱るのではなく、知恵をさずける

子どもが一生懸命考えていることや、子どもの気持ちを受け止めたうえで、未熟な部分から成熟した方向に導けるよう、子どもができそうな考え方や具体的な行動について「…しなさい」ではなく「…してみたら、どうかな」といった知恵をさずけてあげましょう。親の考えをそのまま受け止めるか、アドバイス通り行動するかは、強制せず見守ってやります。

スキル⑫親の経験を語る

友達についての親の経験は、大切な宝物です。

自分の経験が失敗経験だから、この子もそうなるといった短絡的な考え方はやめて、自分も友達関係についてはいろいろ悩んだこと、「友達づきあいって楽しいときもあるけど、難しいものだね」、といった、結果ではなく**プロセス**についての気持ちを語ってあげましょう。

だれでも、友達関係については苦労していること、人の気持ちは思い通りできないけれど、努力して乗り越えたり、いい人間関係ができたときの喜びが大きいことなどを伝えてあげるとよいと思います。

スキル⑬家庭を居心地のよい場所にする

学校でうまくいかないことがあっても、家庭が楽しい場であれば、子どもは外へ出て行こうとする**エネルギー**を蓄えることができます。充電する場所があれば、ちょっとくらいの苦しさや辛さは跳ね返していけるものです。それに対して、家庭でも思ったことが話せない、だれもわかってくれないという状態は、何に対しても意欲を失せてしまいます。

お家が心休まる居場所になるように、気分を変えてやったり、親子で楽しい時間がもてるようにしてやりましょう。子どもにとっての居場所について、ちょっと考えてやってもいいですね。それは空間でもあり、時間でもあり、関係性でもあったりするのです。

空　間‥自分の部屋、食卓のイス、リビングのソファのお決まりの位置、など家の中に落ち着く場所があるでしょうか？

時　間‥朝晩の食卓での和やかな時間、夕食前にお母さんと学校のことを話す時間、夜、大好きなテレビを見る時間、お風呂の時間など、子どもがリラックスしているのはどんな時間でしょう？

関係性‥一人で落ち着けることもあるでしょうが、児童期はまだまだ家の人とのかかわりを先の空間や時間に求めていることも多いものです。親自身が、居心地よく住まうということを考える余裕をまずもちましょう。

6　道徳心を育てる

スキル⑭ジレンマを受け止める

児童期はいろいろな知識を身につけていきますが、まだまだ統合的に考えるのは難しい時期です。道徳的な事柄についても、どのように状況をとらえて解決してよいかわからなくなり、先生やお父さんお母さんに相談したいときでもあります。

ですから、子どもが相談してきたときは、子どもがその状況をどの程度、あるいはどのように把握しているか子どもの発達をよく理解したうえで、目の前にいる子どもが理解できるように一緒に考えてやりましょう。

★チェック　こんなときはどう答えますか？

小学校4年の図書係をしているC男が家に帰って来て、

「今日、本当は貸し出し禁止日だったんだけど、親友のD君から貸し出しを頼まれちゃって、どうしようか困っちゃったんだけど、結局貸しちゃったよ。どうしたらよかったのかな。」

……と尋ねてきました。

小学校4年生（一〇歳頃）という時期は、友達の内面的な気持ちもある程度理解し、友情を強く感じる時期です。今いじわるすると後で仕返しされるといった、時系列的な友達関係も理解できます。また、自分とは違う友達の視点を想像することができ、思いやる気持ちも強い時期です。

ですから、この状況では、親友の願いを聞いてやりたい、願いを聞いてあげないと友情がこわれるかもしれないといった思いやりや不安が混じった気持ちでいると思います。一方で、クラスのルールを守ることが大事なことや、だれかだけ特別扱いをすることはずるいということも知っていて、かなり悩む場面だと思います。

したがって、頭ごなしに「だめじゃない、規則を破っちゃ！」とか「親友だからしかたないよね」といった軽い受け止め方ではなく、できれば、友情を大切にしたい気持ち、規則を守らなきゃという図書係としての責任感もあって悩んだことに対して、**よくわかる**といった受け止め方をしてやりましょう。そのうえで、どのように解決したらよいかを教えてやる、あるいは一緒に考える態度が必要です。

ミニ情報　児童期の問題——こんなときどうしたらよいの？

児童期は、生涯発達の過程では一番勤勉な時期で、目標に向かって努力できる比較的安定した発達段階にあります。ただし、がんばっているのに必ずしも成績が良くならない、「何でもない」と言うわりには元気がない、体調が悪いといった場合には、注意してあげましょう。

というのも、本人はがんばっているのに成果が上げられない場合に、大人はしばしば「さぼっている」「がんばりが足りない」ととらえてしまい、不必要に叱ったり励ましたりしてしまうことがあるからです。そのため、子どもはもともとの問題とは別に理解してもらえない苦しさから二次的な精神的問題を引き起こしてしまうことがあります。結果的に「どうせ、自分なんか」といった自暴自棄な行動や劣等感を強くしてしまうことになりかねないので、まず子どもの状況を理解してあげましょう。

特に、次のような問題があることを知っておきましょう。

■学習障害

特徴…文部科学省によれば、学習障害は「基本的には全般的な知的発達に遅れはないが、聞く、話す、読む、書く、計算する又は推論する能力のうち特定なものの習得と使用に著しい困難を示す様々な状態を指すものである。学習障害は、その原因として中枢神経系に何らかの機能障害があると推定されるが、視覚障害、聴覚障害、知的障害、情緒障害などの障害や環境的な要因が直接の原因となるものではない」と定義されています。つまり、知的発達に遅れがないものの、読んで書いたり、きちんと聞いて答える、数や量の理解が難しいなど、本人の努力にかかわらず認知的な能力に問題がある状態を指します。

対応…知的能力は高いのに、ある領域だけどうしても理解できないとかいつも間違ってしまう場合には専門家に相談してみましょう。努力しているのに、叱っていると先にも述べた通り、やる気がなくなったり、自信をなくすことになりますのでまず状況をしっかり理解してあげます。

■いじめ

特徴…いじめは、「自分より弱いものに対して、一方的に身体的・心理的な攻撃を継続的に加え、相手が深刻な苦痛を感じているもの」と定義されています。したがって、いじめを受けているものが苦痛を感じている場合はいじめと考えられますので、外からの行動のみを判断基準にすると見逃してしまいます。クラスでのいじめの構造としては、被害者の周囲には、まず加害者（いじめを直接与えている）、観衆（いじめをはやしたてている）、傍観者（いじめには加わっていないが見ているだけ）の存在があります。

被害者から見ると、加害者だけではなくクラス全員からいじめられているように感じるものです。いじめ方も陰湿で大人からはわかりにくい形で行われることもありますから、親は子どものちょっとしたサインを見逃さないようにします。

対応…体調、言動、しぐさなどちょっとしたことにも気をつけて、何か話したそうなときは「聴く」ようにします。

子どもは親にも教師にも相談しない傾向が強いのですが、その理由に大人のパターン化した反応を想像してしまうことがあるからだと考えられます。相談しても、「何で、そんなにグジグジしているの」「何で、嫌だって言わないのよ」といった親や教師の価値判断からの叱責をもらうに違いないと思ってしまうのです。

他に、大人に話すことで友達に気づかれ、さらに執拗ないじめを受けるという恐れもあるでしょうし、高学年になれば自分で自分が嫌になってしまうということもあるでしょう。

子どもの話をよく聞き、みじめな、悔しい、どうしてよいかわからない、恐い、不安といった気持ちを受け止めてやり、どうすればよいかアドバイスします。その子ができるようなところからアドバイスし、難しい場合は、担任の教師と相談しましょう。

6章

思春期・青年期の発達と必要なソーシャルスキル

1 思春期・青年期の発達を理解しよう

第二次性徴とアイデンティティ

思春期・青年期は第二反抗期と呼ばれるように、今笑っていたかなと思うと、急に怒り出したりと、まさに疾風怒涛《しっぷうどとう》の時期です。

身体の発達は著しく、第二次性徴を迎えます。女の子は、乳房発育、脂肪沈着、腋毛・陰毛・性器（子宮、膣）の発達、初経、性欲のはじまり（性的接近欲）などに変化が起き、男の子も咽頭隆起、声変わり、筋肉発達、ひげ・腋毛・陰毛の発達、精通（初回精通）、性欲のはじまり（性的接触欲）などの変化が起き、さまざまな点で成熟します。

ただし、この頃は個人差が大きく、しかも、自分や友達の身体の変化に対する意識がとても強いため、知らないうちに自分と友達を比べたりしています。その結果、予想以上に、優越感や劣等感を強くもっていたりします。

こうした身体の成熟とともに、親子の関係もしだいに変化してきます。身体が大きくなってくるので、力づくで、しつけをしようとしても歯が立たなくなり、子どもも親をそう強くないものとしてとらえるようになります。「心理的離乳」という言葉がありますが、親から独立したいという気持ちが強くなります。そのため、親からそれまでしつけられてきた古い習慣や決まりごとに対しても反発し、自分で新しく決めたい、行動したいという気持ちが強くなるのです。

また、「私って何？」といった自己の問い直しも行われはじめ、自分がどんな存在で、何に向いているのだろうといったことを考えはじめます。

青年期においては、アイデンティティを求めはじめ、迷いが強くなるとともに、自己投入、すなわち、自分独自の目標や対象へ努力するようになります。アイデンティティとは自己同一性とも言い、エリクソンが重視した青年期の発達課題です。

青年になると「自分は何者なのか」ということをあれこれ考えはじめ、それまで親の価値観をとり入れながら抱いていた自己像がいったん崩れはじめます。そのため、過去の自分、現在の自分、未来の自分について試行錯誤しながら考えるようになります。その結果、時間を超えて連続している自分のイメージが獲得できたり、過去から未来へと自分が一貫しているという意識をもてるようになると、アイデンティティの達成として考えられます。

大学生ぐらいになるとアイデンティティを確立していく者もいれば、こうした試行錯誤の迷いがなく両親などの価値観や期待のもとに生きている者（早期完了）もいる一方で、アイデンティティ確立を先延ばしにするモラトリアムの者、何も自己投入していないアイデンティティの拡散した者に分かれると考えられています。

アイデンティティが確立した青年は、困難な経験を体験してもくじけずに、自分を信じて目標を成し遂げることができます。早期完了の青年は親の価値観をそのまま受け入れているため、もし危機状況に陥ると自分で積極的に選択肢を選びとっていないので、自分自身では対応できなくなる可能性があります。

また、モラトリアムは猶予期間という意味ですが、モラトリアムの者は、自分が本当にやりたいことを模索している状態にあると考えられます。最近はこの期間が長くなりました。さらに、アイデンティティが拡散してしまっている青年は時間的な展望がなく、自分自身で人生を選択していこうということに関心がなく、その日暮らしのような状態にある場合が多いようです。
「何をしてよいかわからない」「将来の見通しがまったくない」といった状態に深く陥り、精神的に病んでしまうこともあるので、親はサポートしてあげることが必要です（章末のミニ情報を参照して下さい）。

対人関係における心の揺れ

思春期、青年期の時期になると集団内の対人関係に敏感になります。そのため、疎外感を強く感じるなど、学校生活において多くのストレスを抱えていると考えられます。

ストレスを引き起こすストレッサーには、教師、友達、部活、学業、規則、委員活動などさまざまな原因が考えられますし、ストレス反応としては、怒り、不機嫌、身体的反応、抑うつ、不安、無力感などが考えられます。

中学生においては、友達と不安や抑うつ、学業と無力感とが関係しています。また、親からの無視や家庭内の問題などの影響も強く受けると考えられています。

こうした疎外感や孤独感を癒すためには、人に話すことが必要とされていますが、こうした他者に自分の思っていることや気持ちを話す「自己開示」の志向性は、子どもが「人と人はわかりあうことができる（共感性）」という気持ちをもてると感じているかどうかがカギになります。

思春期・青年期にとって友達とくに同姓の友達の存在はとても重要です。自己を成長させ、他者を発見し、お互いに悩みを聞き、一緒に楽しいことをする関係です。ただ、最近は互いに傷つけあわないように気を配り、お互いの深いプライバシーに立ち入らない、楽しい雰囲気になるように常に気を遣いあう、などかなり気の張った関係にも感じられます。

したがって、楽しいときはよいのですが、ひとたびうまくいかないと憎悪や恨み、孤独感などを伴う関係になり、友達関係が深刻な悩みの種になることが多いようです。

こうした状況に影響を与えているものの存在が、インターネット、携帯電話、電子メールなどの電子機器媒体による仮想現実の世界です。

これらは、新しいコミュニケーションを生み出し、やりとりも増え、楽しさ、便利さを与えてくれます。しかし、その一方で、画面上で出会い、交流し、完結する人間関係は、つまらなかったり、嫌になればいつでもサヨナラできるため、きずなが強く、ともに困難を乗り越えていくような友達関係をつくることが難しいようです。

その方が、責任をとらずにすみやすいことや、葛藤する前に関係を絶つことも可能になるからでしょう。青年期は各自の自己意識が強く、他者とかかわることが大人に比べれば難しい時期ですから、よけいに、こうした世界にたやすくのめりこんでしまう傾向があると言えます。

親は、子どもの文化が理解できなくなり、子どもからも疎《うと》まれたり、反抗されるため、ついつい放任しがちになります。思春期・青年期の子どもの親の年代は、仕事でも責任がある役割についていたり、親自身の中年期の生き方についての迷いや問い直しが起きることもあり、子どもに目を向けるのが少なからずおろそかになってしまいがちです。しかし、この時期こそ、何かあれば親自身が逃げずに責任をもって対峙していく気概が必要な時期に思います。

2 思春期・青年期に大切な15のソーシャルスキル

1 サポートする

思春期になると、子どもは親から心理的に独立しようとします。親からのあれやこれやという細かい指図はわずらわしくなり、反抗的になります。ただし、親の存在は引き続き重要であり、親から信頼されたい、頼りにされたいと思うようになります。

子どもは思春期、青年期になると実際に手や口を出してあれこれ介入するよりも、何かあれば親は絶対自分を信じてくれる、助けてくれるという確信がほしいものです。

というのも、この時期の子ども達は「自分」探しをはじめるようになり、自立したいと思うものの、生活、学業、友達関係などすべてのことでまだまだ不安で傷つきやすく、自分が価値ある人間なのかどうかといった根底のところでも揺らぎがちだからです。

こうした何か困ったときに、子どもがサインを出せば、必ず助けてくれる人がいる、自分を必要としてくれる人がいる、と思えることが何よりも大切なことです。これは、「ソーシャルサポート」と呼ばれています。次に、四つに分けてサポートを考えてみましょう。

スキル❶心理的なサポートをする

心理的なサポートは、精神的な面、心理的な面で何か悩みがあるときに、親身になって相談にのってくれる人がいると考えられることです。実際には相談しなくても、いざとなったら相談にのってくれる人がいるという**信頼感**があれば、ちょっとしたストレスやトラブルは自力で乗り越えていけるものです。

こうした信頼感をもつことのできる背景には、自分が親から大事にされている、愛されている、必要とされている、と感じる生活をしていることが前提になります。

そのためには、親は日ごろから**よい聞き手**となることを心がけることです。よい聞き手となるというのは意外と難しいものです。たとえば、次の会話について考えてみましょう。

お母さん　「何かこの頃元気ないけど、どうしたの?」

子ども　「別に」

お母さん　「何でも話してごらん、お母さんが一番味方になれると思うから」

子ども　「……」

お母さん　「話すとすっきりすることもあるよ」

子ども「実は、学校に行きたくないんだ」

お母さん「えーっ、何で！ 学校は絶対行かなきゃだめよ‼ だいたい、あんたは最近たるんでるわよ、……」

はじめのやりとりは結構いい感じでしたが、子どもが勇気を出してやっと本音を言った後が悪いですよね。子どもがなぜ学校に行きたくなくなったか、という気持ちを受け止めないで、すぐにお母さんの考え方、価値観が矢継ぎ早に並べ立てられています。しかし、子どもからすると、これがもっとも親との距離を感じてしまう状況のようです。

やっぱり、お母さん（お父さん）は私の気持ちなんかわかろうともしない、自分の考え方を押し付けるだけ、という感じになってしまうのです。自分の気持ちを理解してくれないのは、自分のことを愛してくれてないからだ、とか自分はだめな人間だからだ、という自己嫌悪にもつながり、自分を価値ある人間だと感じられなくなります。そうなれば、自分が困ってもだれも親身に助けてくれる人はいないという認知になり、心理的サポートは低くなってしまいます。

「あなたのことを大切に思うから、一緒に考えよう」とか「あなたが健康でいてくれる、それだけでありがたいと思っているわ」といった言葉を惜しみなくあげることがこの時期必要に思います。たとえ親が期待するようでなくても、かけ値なしに存在しているだけでありがたく思ってくれる人がいる、という気持ちをもたせてあげることです。

愛されることは、ときにうっとうしいと感じる場合もありますが、確実に自分の存在価値をかみしめることにつながります。

スキル❷娯楽関連的なサポートをする

娯楽関連的サポートとは、おしゃべり、趣味などについて一緒に何かができる人がいるという認知です。悩みごとのような深刻なことではなく、趣味のこと、テレビのこと、日常のちょっとした話を気軽に共有できる人がいることが生活にうるおいをもたらします。

こうしたサポートとして、青年期は友達が大切な存在です。ですから、友達との関係を大事にしてあげるとよいでしょう。ただし、友達のことで悩んでいたり、友達がいない様子である場合には、親は友達のサポートに代わるほど影響力をもたないかもしれませんが、それでも、一緒に買い物に行ったり映画やコンサートなど親としては精一杯に楽しい時間を共有してあげましょう。

特に、子どもが不登校など学校に行ってない場合などは、友達とちょっとした話題で会話を楽しんだり、興味のあることをシェアする機会が減ってしまうので、親子でおしゃべりしたり、同じことに関心をもってあげるのはよいことだと思います。

スキル❸問題解決的なサポートをする

思春期、青年期はさまざまな葛藤を体験し、自分では解決することが難しい心理的な問題を抱えるときでもあります。幼児期や児童期のように親に解決してもらうことは恥ずかしいという意識もありますし、親に頼りたくないという自立心があります。

ですから、子どもの問題に親の価値観を押し付けずにまず話を聞いてやり、何が大事なことか、どうすればよいか、どんな選択をすればよいのか、といったことを一緒に考えてやるとよいでしょう。

「よく考えて行動しなさい」とか「しっかりしなきゃ」とただ励ましてもあまり解決

になりません。具体的なスキルについての子どもの知識が乏しいと、望ましい結果になりません。子ども達は親が思うほど、実際にどのような言い方をしたり、行動をすればよいのか、といったことについてうまく実行することができない場合が多いのです。

①主張性が大切なことを伝える

たとえば、友達から嫌なことを頼まれて断りたい場合に、具体的にどのように断ればよいか考えてみましょう。大人からすれば、さっさと理由を言って断ってくればいいじゃないと思うのですが、できずに悩んでしまう子が少なくないのです。

次の例を考えてみましょう。

例：「あのさー、今日、掃除当番代わってくんない」と友達から言われたが、お母さんと買い物に行く予定があり、断りたい場合。

消極的な子ども：「あー、あっ、あの、うん」と言って承知してしまう（用事が重なってしまい、どうしようと思いつつ、自分はだめだなと自己嫌悪になる。友達を恨んだりする）

攻撃的な子ども：「エー、嫌だ！」と相手を責める（言いたいことは言うが、相手を傷つけがち）

この二つのパターンはいずれも、その後の友達との関係を円滑なものにしません。前者は相手の友達からすると、引き受けてくれたからよかったと思っているだけで、引き受けた子が不満に思っていることや、実はその子も用事があったことなどは想像すらしないでしょう。後の例では、頼んだ側の気持ちも傷ついて、友達関係がこわれてしまうこともあるかもしれません。

望ましいのは、相手を傷つけず、自分の気持ちを理解してもらえるように話す**主張的な態度**です。

②ロールプレイをしてみる

親が頼まれる方になって、モデルを示してやってもいいですね。

子「今日私、用事があるから、掃除当番代わってくんない」

親「今日さー、お母さんと買い物の約束していて、早く帰んなきゃいけないから代われないの、ごめんね！」

③リハーサルをしてみる

何度かやってみて、何がコミュニケーションで大切か考えてみる

④問題解決のポイントをおさえる

上手に断る場合

〈言葉の面〉

- 申し訳ない気持ちを伝える→「ごめんね」「悪いけど」など
- 理由をきちんと言う→「今日、お母さんと買い物の約束していて」など
- できないことをちゃんと伝える→「代われないの」など
- （できれば）代案を考える→「今度またね」「〇〇ならいいけど」

〈非言語の面〉

- 相手の目を見る
- 相手に聞こえる声で言う
- 代わってあげられなくて悪い、という気持ちを示すなど

このように、実際に必要な配慮について具体的に伝えるかかわりをしていきましょう。

スキル❹道具的なサポートをする

道具的サポートは、お金や手伝いなどが必要なときに提供してくれる人が存在するという認知です。お小遣いが足りないけど必要なものがあるときや、宿題など自分だけの力ではどうしようもなく手伝ってほしいときなど、それに応えてくれる人がいることは子どもにとって心強いものです。

ただし、お金の問題は、家庭の価値観によって違うと思いますが、浪費せず計画的にお金を使えるように教えていくことが大事なことです。ただ、子どもがかわいいから、とか、子どもの望みをかなえてやりたいから、とふんだんにお小遣いをやることは、結局は子どものためになりません。

お小遣いの意味と使い方をきちんと教えて、親が買ってあげるもの、自分で考えて買うものなどを話し合っておきましょう。また、流行を追うことは生活を楽しくさせるよい面はありますが、浪費家になってしまっては自分を律する力が育ちません。自分の欲望を**コントロール**する大切さを教えましょう。

2 自尊心を高める

この時期の自尊心は、他者評価（他の人が自分のことをどのように考えているか）、自己の価値観（自分が存在している価値を感じることができるか）、社会的場面における不安がないか（他の人がたくさんいるところに入っていくなどについて気兼ねや不安を覚えるかどうか）、失敗恐怖があるか（何か失敗するのではないかという不安や、自分が悪いという内罰的な気持ちが強いか）などと関係した複雑な感情です。

自尊心が高ければ、人から高く評価され、自分の存在は価値あるものととらえ、たくさんの人がいるところでも堂々とでき、失敗も恐れずにすみますが、逆に低いと、自己嫌悪になり、人前に出ることもできず、失敗を恐れてびくびくしてしまうことになります。

ですから、思春期、青年期の子どもに、できるだけ安定した自尊心をもたせてやることが大切です。そのためには、親が抱え込みすぎず、甘えさせすぎず、といって厳しく叱らずに、まず子どもを信頼してやりましょう。

結果ではなく、自分で考えたことを責任をもって行動していけるように応援してあげて下さい。

今の子ども達の中には、親や教師の期待に添うように行動し、自分の欲求や気持ちを抑えている場合がよくあります。一方で、親の言葉や行動が必ずしも正しいものと思えなくなり、親のずるいところや望ましくない面がたびたび見えて、嫌悪感をもつときです。それなのに、自分の気持ちや欲求を主張できず親に頼らないと不安な反面、全面的にも頼れないという忸怩《じくじ》たる気持ちも高まり、自我の危機感を覚えるときでもあります。

したがって、子どもが自分の意見をもっていいこと、つまり、反抗してもよいこと、自分で考える自由もあるが責任をもっていくことや、親は子どもがどのようでも存在してくれているのを幸せに思っていることなど、**ポジティヴなメッセージ**を与えたいものです。

こうしたメッセージは日ごろから考えておいて、タイミングを見つけて伝えてやるといいと思います。思っているだけではなかなか伝わりません。また、お父さんやお母さんが同じ頃に同じように悩んでいたエピソードを話してあげるのも気持ちを落ち着かせます。

スキル❺他者評価を気にしすぎないこと

他者からのフィードバックによって自分を知ることは大事なことですが、必ずしも周囲のすべての人の他者評価は一致するわけではないので、ネガティヴなメッセージは参考にするにせよ、気にしすぎないことを伝えましょう。

スキル❻自己の価値観を高める

勉強ができれば親は満足する、といったように、よい条件ならば子どもを受容するのではなく、そこに存在しているだけで親はうれしいことを何でもない生活の場でふだんから伝えていきましょう。

スキル❼失敗は学びの場であると考えさせる

失敗しても命がなくなるわけではないし、他人は自分が思うほど他の人のことを気にしているわけではないことなどを伝えましょう。また、失敗しても決定的な状況になるわけではなく、ほとんどのことはいくらでも取り返しがつくことなどを教えます。

スキル❽ユーモア感覚を身につけさせる

心に余裕がもてるよう、ときには「自分」を笑いの対象にできるようなユーモア感覚がほしいものです。

人のかかわりに「笑い」が大事なこと、おもしろいものを見て一緒に笑えることが幸せに思えるような家族のだんらんを心がけましょう。

★チェック　日ごろから、ポジティヴなメッセージを考えておきましょう。

① 子どもに、そこにいてくれるだけで価値があることを伝えるメッセージは?

② 他の人からどう思われるかについて心配しすぎたり、失敗を恐れる気持ちをもちすぎないようにするメッセージ

③ 親のエピソード

3 メディアと適当につきあう

インターネットでさまざまな情報を得たり、携帯電話で連絡をとりあったり、ゲームでストレスを解消するなどメディアは娯楽としても生活の道具としても、今の時代では避けられない、便利なものです。

しかし、最近では軽い気持ちで出会い系サイトを利用して知り合った異性がきっかけで、性犯罪に巻き込まれているケースが増えているようです。

二〇〇二年の東京都の調査（東京都生活文化局「青少年をとりまくメディア環境調査報告」）では、出会い系サイトのことを知っている高校生のうち「責任をもって慎重に利用すれば問題がない」と答えているのは二五・八％います。「責任」「慎重」とありますが、現実は、「デートだけなら大丈夫」といった安易な甘い考えが背景にあるような気がします。

しかし、現在の出会い系サイト規制法では、青少年も処罰の対象になっており、場合によっては逮捕される可能性がありますので、法律についても教えておく必要があります。（詳しくは「ネットＤＥ警視庁」

http://www.keishicho.metro.tokyo.jp/kouhoushi/no11/net/net.htm

を参照して下さい。）

また、一方では、こうした媒体にのめりこみ、現実世界から逃避してしまい、一日パソコンの前に座り続けて、生身の人間関係ができなくなるなどの深刻な問題を抱えている子ども達も増えているように思います。

したがって、親は、子どもの様子を見て、適度なつきあい方ができるように導くことが大切です。部屋で静かにやっているからとか、何だかよくわからないから放任している、別に他の人に迷惑をかけていないし非行に走られるよりはまし、といったつき放した状況は、後で深みにはまってから何とかしようとしても難しいものです。

スキル❾限度を超していないかチェックする

ゲームやインターネットについ夢中になって、大事な約束をたびたび忘れたり、家族での会話が少なくなっているようであれば、注意しましょう。

インターネットやゲームの世界は、子どもがやめる意思がなければ、相手から「もうやめよう」という言葉も、向こうから電源を落としてくることもありません。メールやチャットなどは、続けようと思えば際限なく続きます。携帯電話を布団の中にまでもち込んで、夜中をすぎても「眠れなーい」とメールを交換している実態も耳にします。

いつでもどこでももっていなければ、あるいは向かっていなければ不安というように限度を超していないかチェックしましょう。

スキル⑩背景にある問題を考える

のめりこんでいる背景に何か心理的な問題がないか考えます。メディアにのめりこんで、家族と話さなくなるということもありますが、家族の間で、もともとコミュニケーションがなかったり、親が自分に無関心であるという思いから、ネットの世界へ逃避してしまうことも少なくないようです。また、勉強がわからない、学校で嫌なことがあった、などの問題も背景に考えられるかもしれません。お子さんがなぜゲームやインターネットをやめられないのか**背景となる心**を考えてあげましょう。

スキル⓫適度に判断し、ルールをつくる

役に立つものでもあることですし、限度内であれば楽しいものであることを理解してあげる必要があります。

頭ごなしにまったくだめということは、子どもにとっては自分の気持ちを受け止めてくれない、わかってくれない、ということで反抗的になるでしょう。むしろ、本人とよく話し合って、現実にしなければならないことをまず優先したうえで、時間を決めて守るようにさせることが必要です。

最近は家族が家にいるのに、一人で自室に閉じこもって、食事も孤食している場合があるそうです（子ども白書、二〇〇〇）。その理由に、「一人の方が落ち着く」「ゲームをしながら食べられるから」「友達の会話についていくためにテレビを見ながら食べる」があげられていました。メディアだけのせいではありませんが、子ども達の生活に影響を及ぼしていることが明らかです。

スキル⑫ネットの恐さを教える

ネット上で、安易に電話番号や親のクレジットの番号を書き込んだ場合に、どのようなことが起こる可能性があるかなど、起こりうる犯罪などについて前もって注意しておくことが大切です。

また、自分の秘密のメールが、不特定多数の人に回ってしまう可能性や、逆に友達のメールを他の人に送信してしまったり、軽い気持ちでのホームページへのいたずらが相手をひどく傷つけたりすることなどについて、アドバイスしておきます。

直接会って話すのと違って、文字だけで気持ちを表現しあうことの難しさを、教えることが大切です。

たとえば、いつでも送信できるというのは相手の時間を妨害しないという点ではメリットですが、相手がどんな状態でいるかがわからないため、落ち込んでいるときにふざけてきついジョークを送ってしまったりします。会話では相手の様子がわかるので、それに応じた表現ができるわけですが、メールではできません。

さらには、たとえば「わかった！」と書いても、怒って書いているのか機嫌よく書いているのか、メール上ではわかりません。顔の記号を送ったとしても、真意を伝えたかどうかは怪しいものです。

表情、身振りが見えない、声が聞こえないといったメールには、それを補うためにかなりの思いやりが必要です。したがって、最終的には生身の人間同士の会話と同じように、いやそれ以上に**他者理解の必要なこと**を伝えるのが大事になってきます。

★チェック　ネチケットを知っていますか？

インターネットを使うときの注意が「ネチケット」として決められています。書籍やインターネットでも紹介されていますので、一度子どもと一緒に確認しておくとよいと思います。また、次のようなこともチェックしておきましょう。

●チェーンメール（相手を特定しないで転送を求めるメール）が来たら
□他人に転送しない
□送られてきたメールは削除
□内容によっては犯罪に巻き込まれる可能性があることを知っておくこと

●トラブルにならないために
□ネットで知り合った相手をすぐに信用しない
□プライバシーにかかわる情報を記入しない
□相手の気持ちを考えて慎重に記入する

□嫌なことが書かれていたら掲示板の管理者に削除を依頼する
□トラブルになりかけたらアドレスを変更する
□相手に仕返しをしない
（さらに詳しくは警視庁「ハイテク・キッズ」
http://www.keishicho.metro.tokyo.jp/haiteku/hikids/hikids.htm
を参照して下さい。）

4 コミュニケーションを大切にする

思春期、青年期だからこその親子のかかわりが必要です。そのためには、コミュニケーションができる親子でありたいもの。必ずしも、言葉がたくさんでなくても、互いに気持ちが通じあう、非言語的コミュニケーションも大事です。

スキル⑬よく聴く

思春期や青年期の子どもは、自分の気持ちをストレートに表現しない傾向があります。また、親なら子どものサインを読み取って理解すべきだ、といった心情もあり、親の自分に対する出方を待っていたりします。ですから、子どもの話によく耳を傾け、**言葉の背景にある気持ち**に気づいてやりましょう。

たとえば、「○○ちゃんは何でもできるんだよ」と漏らした言葉の背景には、○○ちゃんへの憧れや羨望だけではなく、「私は、何にもできない」という落胆や自尊心の低さがあるかもしれません。最後までしっかり聞いて、子どもの気持ちを受け止めてやりましょう。

スキル⑭子どもの気持ちに応える

言葉だけに反応して、「○○ちゃんはがんばってるのに、それに比べてあんたは」といった不用意な反応は、子どもの心を傷つけるものです。

子どもにすぐに、「あなたは、…」といった決めつけた言い方をしないで、**親自身のメッセージ**として伝えることが大事に思います。つまり、対等な人間として「私は、……と思うけど、どう?」といった相手にも意見を返せる権利を与えるような伝え方をするとよいでしょう。

スキル⑮家族全員の話題をつくる

①安全について

物騒な世の中になってきています。特に、思春期、青年期になると自由に行動する範囲も広がるので、日ごろからこうしたことについて意識して取り組んでいないと大きな問題になることがあります。

家族全員で話し合う話題であり、重要な話題として、自分で危険を察知できるかどうか、いざというときにどうすればよいかなど安全面について話し合うとよいでしょう。東京都の緊急治安対策本部で作成されている「家族全員！身の回りの安全チェック表」を活用していろいろと話し合っておくのはどうでしょうか。

表1　家族全員！身の回りの安全チェック表（東京都緊急治安対策本部作成）

■あなたの防犯意識診断

	A（はい）	B（いいえ）
・近所でどんな犯罪が起きているか知っていますか。	□	□
・家族や近所の人と、防犯について話をしていますか。	□	□
・「自分は、犯罪にあわない。」と考えていませんか。	（いない）□	（いる）□
・普段から、自分や家族が犯罪にあわないように気をつけていますか。	□	□

・防犯パトロールやボランティアに参加したり、近所とのきずなを大切にしていますか。　□　□
・近所で、知らない人がうろうろしていたら気になりませんか。　□(なる)　□(ならない)

■自宅の安全を守る防犯診断

・玄関先の状況が道路や通路など、周囲からよく見えますか。　□　□
・家の周囲に足場として利用される箱やはしごなどを置いていませんか。　□(いない)　□(いる)
・玄関や窓は、容易に解錠されたり、壊されたりしない防犯対策がなされていますか。　□　□
・玄関や窓は、一つのドアや窓に二つ以上の鍵をつけていますか。　□　□
・異常を近隣に知らせる工夫をしていますか。　□　□
・留守の時、自宅の様子に注意を払ってくれる隣人等はいますか。　□　□

■犯罪被害にあわないための自己点検

〈在宅時のチェック〉
・在宅時も施錠してドアチェーンをかけていますか。　□　□
・ゴミ出しなどのときも、必ず、ドア等に鍵をかけていますか。　□　□
・来訪者があったとき、不用意にドアを開けることなく、相手を確認していますか。　□　□
・一人暮らしがわからないような工夫をしていますか。　□　□

〈外出時のチェック〉
・玄関ドアのみでなく、ベランダ等の窓にも鍵をかけていますか。　□　□
・留守宅とわからないような工夫をしていますか。　□　□
・近隣に一声をかけていますか。　□　□
・暗がりや人気のない道を避けていますか。　□　□

	(いない)	(いる)
・エレベータに乗るとき、付近に不審者がいないか確認していますか。	□	□
・自転車の前かごにひったくり防止用ネットなどをつけていますか。	□	□
・かばん等は、車道側に持たないようにしていますか。	□	□
・帰宅時、付近に不審者がいないか確認していますか。	□	□
・家に入ったら、直ぐに施錠していますか。	□	□
・鍵を入口付近のポストなどに隠していませんか。	□	□

■子どもの安全対策

・外出するとき、防犯ブザーやホイッスルを携帯させていますか。	□	□
・子どもがどこで誰と遊んでいるのか把握していますか。	□	□
・外出時、家族に行き先と帰宅時間をきちんと言えるようにしていますか。	□	□
・外で遊ぶ際、一人で遊ばせないようにしていますか。	□	□
・緊急の場合、大声で助けを求めたり、子ども一一〇番の家に駆け込むなど、助けを求める方法を教えていますか。	□	□
・留守番のとき、来訪者に対し、不用意にドアを開けないよう教えていますか。	□	□
・自分の子ども以外の子どもに注意をよびかけていますか。	□	□

みなさん、結果はどうでしたか。

Aの欄にチェックがついていますか。Bの欄の方が多い人は、できるだけAの欄にチェックがつくよう、これから努力しましょう。

②金銭感覚について

「ブランドの服を買いたいために」「新しい携帯電話のモデルがほしくて」「ゲームソフトを手に入れるため」といったように、子どものものに対する欲はかなり強く、しかも高価なものばかりです。小さいときから比較的豊かな環境に育ち、ものをがまんしたりする経験に欠けています。

また、親自身が若い文化に身を置いて楽しみたいという気持ちがあると、子どもの流行を理解してやるのはよいのですが、必要以上に子どもに刺激を与えることがあります。ブランド品を親子で買い求めたりするので、金銭感覚がかなりマヒしてしまっている子がいます。

しかし、将来的に自立して社会生活を営むうえで、**自分の欲求をコントロールする力**をもてるようにしてやるのは親の責任としてとても大切です。お金の役割、機能、使い方についての実質的な問題から、お金の恐さ、自分の気持ちをコントロールする力の必要性などについて日ごろからことあるごとに伝えていくことが求められます。お小遣い帳の使い方やお小遣いを与える頻度や額などを、子どもの発達に応じて決めましょう。

ミニ情報　思春期・青年期の問題――こんなときどうしたらよいの？

思春期、青年期の問題は、自分への迷い、対人関係の悩み、将来への不安など、それ以前の幼児期や児童期と違って、観念的で抽象的な子どもの心の世界の中にあります。心身ともに不安定なところへ、家族という守られた世界から、外の広い世界に向き合っていかなければなりません。頼っていれば間違いがないと思われていた家族さえ、信じられなかったり、期待通りでないことに気づき、傷つきやすい自我は動揺してしまうのです。

ときに、そうした弱さは、家族に対して恨みや憎悪となって向けられたりします。なぜ、こんな弱い自分に育てたのか？　良い子でやってきたのに、少しもよいことがない、だれも自分のことを本気で心配してくれていない？　など、さまざまな思いがまとわりつき、精神的な問題を生じてしまうことも少なくありません。

家族は家族で、健康な反抗期として見守っていればよいのか、医師や専門家が必要なのかどうか、しばしば子ども達の心の氾濫に家族も翻弄されてしまうことになります。そんなとき、今の小さな単位の家族は互いに傷つけあい、総崩れになってしまいがちです。そうならないうちに、特に問題かどうかわからない時期でも、家庭の外のサポート機関に気軽に相談してみるのもよいのではないでしょうか。
　問題別に、相談できる機関を次にあげてみました。

■不登校

特徴…文部科学省の学校基本調査では、三〇日以上欠席した児童生徒について、その理由別区分に、「病気」、「経済的理由」、「不登校」、「その他」と分類しています。そのうち、「何らかの心理的、情緒的、身体的、あるいは社会的要因・背景により、児童生徒が登校しないあるいはしたくともできない状況にあること（ただし、病気や経済的な理由によるものを除く）」を「不登校」としています。

対応…各市町村の教育委員会が設置・運営する「教育支援センター（適応指導教室）」に相談するとよいでしょう。適応指導教室や、民間施設などで指導を受ける場合、一定の要件を満たしていれば、指導要録上「出席扱い」にしてもらえます。

■社会的ひきこもり

特徴…厚生労働省は、二〇〇一年に「一〇代、二〇代を中心とした『社会的ひきこもり』をめぐる地域精神保健活動ガイドライン」を発表し、ひきこもりをその中で「さまざまな要因によって、社会的な参加の場面がせばまり、自宅以外での生活の場が長期にわたって失われている状態」と定義しています。また、斎藤（二〇〇三）は「自宅にひきこもって社会参加（就学・就労しているか、家族以外に親密な対人関係がある状態）をしない状態が六ヶ月以上持続しており、精神障害がその第一の原因とは考えにくいもの」としています。

ひきこもり状態には、さまざまな精神症状が伴うことが多く、その原因もさまざまですが、対人恐怖や強迫症状（病的に何かにこだわったり不潔恐怖など）の特徴が見られたりします。

対応…相談機関のリストが、NHKの福祉ネットワークのひきこもり情報であげられています。公的機関として、精神保健センター、保健所、児童相談所、教育相談センター、など、民間機関には医療機関、民間支援団体、親の会、自助グループ、大学の学生相談室などがあげられていますので、ご自宅から近いところにまず相談されるとよいでしょう。

http://www.nhk.or.jp/fnet/hikikomori/kikan/

■摂食障害

特徴…時期的には、最近では小学生や中学生にも見られますが、思春期の女子に多く見られます。この時期は、他者からの評価に神経質な時期です。身体や容姿について、他人からどのように思われているかが気になり、しばしばほめ言葉でさえも、ストレートに受け取られないほど、気難しい時期です。

摂食障害も二つに分けられますが、やせ願望からダイエットがきっかけになり、一定期間、体重の低下が持続した結果、身体が外部からの栄養を受け付けない状態が形成されてしまうことになるのが、神経性無食欲症です。もう一つの神経性大食症の症状は、単なるイライラやストレスで思いつくまま食べるというよりは、何かに取り付かれたようにむさぼり食べ、そして吐くといった行動を繰り返すのが典型です。

対応…飢餓状態に陥ったり、体重が激減することから、死に至ることもありますので、一過性でなく、体重も激減していくようであれば、早期に介入していく必要性があります。身体にかかわることなので、病院にまず行く方がよいですが、精神的な問題にかかわることが多いので普通の内科よりも心療内科に行ってみましょう。また、まだ日本では少ないのですが、日本児童青年精神医学会が全国の児童青年精神医学の認定医を紹介していますので参考にしてください。

http://wwwsoc.nii.ac.jp/jscap/nintei.htm

◉就労にかかわる相談

必ずしも、先のように精神的な問題とかかわりませんが、近年、若者の就労をめぐって「フリーター」や「ニート」という状態が問題視されています。短期的な単純労働のアルバイトを渡り歩き、仕事の能力向上の機会がないままきている場合、あるいは働くこと自体に関心がなく、かといって学校に行くでもないような場合など、お子さんの将来があまりに心配、不安なときには、お子さんの気持ちを尊重したうえで相談にのってあげましょう。まったく任せっきりにしたり、ただ怒って急き立てるよりも良い方向に向かうと考えられています。

■フリーターとニート

特徴…フリーターとは厚生労働省の定義では、学生・主婦を除く一五から三四歳の人口のうち、パート、アルバイトなどで働いているか、そうした働き方を希望している者を言います。内閣府は正社員になれないという人を含むほか、派遣・契約なども含めて考えています。これに対して、ニート（NEET）は「Not in Employment, Education, or Training」の略語で学校に行かず、働かず、職業訓練にも参加しないことを指し、英国の労働政策の中から生まれた言葉です。

対応…個々の若者の気持ちとしては実際に悩んでいるものもいる反面、どうなってもいいとなげやりだったり、何に対しても意欲がわかない者など多様なことが考えられます。本人に技能や知識が身につかないばかりではなく、社会的観点では、人材が育たないこと、産業の活力や国際競争力を弱める、社会不安につながるなど深刻な問題を招くと指摘されています。

厚生労働省では、各ハローワークにフリーターの相談に応じる専任職員を置いて相談をしたり、職業紹介、企業の合同選考会、セミナーの開催などに取り組んでいます。

その他、「トライアル雇用（企業で三ヶ月試行的に雇用してマッチすれば正規採用する）」や経済産業省では「ジョブカフェ（就職情報の提供、キャリア相談を一括して行う就労センター）」をはじめようとしています。

http://www.meti.go.jp/kohosys/press/0005153/0/040420job.pdf

ニート対応としては、合宿形式で働く意識を養う若者塾の事業なども考えられています。東京都は全国の自治体に先駆けて、青少年リスタートプレイスを設置して高校中退者の勉学や就労を支援する相談窓口を教育相談センターに設置しました。

http://www.e-sodan.metro.tokyo.jp/business/restart_place.html

7章

親がストレスをためないための、8つのソーシャルスキル

ふさぎこまない

子どもとかかわることはとても楽しく、生きがいを感じることです。その一方で、ときには大きなストレスのもとでもあります。大事で愛している存在であるからこそ、次から次へと心配の種が出てくるものです。

ましてや、子どもが悩んでいるのに子どもとうまくコミュニケーションがいかない事態などは、悩みが深いものとなります。また、子どもの問題以外に、親自身の生き方や、仕事や家庭のことでの心配事も重なると、どうしてもふさぎこみがちになるものです。

しかし、親がストレスをためすぎると、結局は子どもに影響を与えます。子どもは親の様子に敏感です。親が楽しく元気であれば、子どもも自分の思いをぶつけることができますし、安心して学校や社会に出て行くことができます。

しかし、親が上の空でふさぎこんでいると、子どもも自暴自棄になるものです。目の前にいる子どもが大切だからこそ悩んでいたのに、結果としてそれが子どもの成長の妨げになっては害あって一利なしです。

ここでは、親がストレスをためないために必要なスキルをあげます。

スキル❶過去、未来ではなく「現在」を大切にする

過去のことを後悔しても過去は変えられません。悔やむたびに嫌な記憶がリフレインされるわけですから、ますますそれにとらわれがちになります。それよりも、反省すべきことは反省して、できるだけクールに考えて目の前の「現在」に生かすことです。また、未来も自分の考えだけでは決まるものではありません。「なるようになる」、「今、ここで」という考えも有効です。

ストレスは、ストレスとなる刺激を受けたときにどう自分が評価するか、認知するかが後の情動や行動に影響を与えます。たとえば、「転居する」ことになっても、それを「知り合いがいなくなる」「自分のやりたいことができなくなる」というように受け止めると、辛い経験となり、転居後も後悔したり、ぐちばかりということになりがちです。

しかし、「転居する」ということを「新しい人と出会える」「何か違うことをするきっかけになる」と受け止めれば、楽しいことがはじまる気持ちでわくわくしてきます。ですから、受け止め方を思い切って変えてみましょう。

スキル❷生活のリズムを大切にする

思いっ切り寝たり、あるときは徹夜をしたりといった不規則な生活はどこか自分の心や身体をいじめています。食事、睡眠などの、ある程度規則的な生活リズムは健康をサポートします。

また、自分のリズムを毎日維持していれば、新たな局面について次はどうしようといった不安になる源が少なく、意識せず自動的に処理していけるのでリラックスできます。

スキル❸悩みはためこまず、だれかに話す

悩みをためていても、どこかに消えていくわけではありません。自分の頭の中で何度も思い起こして嫌な気持ちに浸るのは、嫌なことを記憶の中にしっかりと刻みつけてしまうでしょう。

歌でもリフレインのところは、歌詞の中でも一番よく覚えるところです。また、気持ちが弱っているときに自分と長く対話しても、堂々巡りのすえ、さらに望ましくない方向に考えがいってしまうでしょう。

それよりも、だれかにしゃべってすっきりするといったストレス解消の儀式をして、気持ちに区切り、すなわち終止符を打つようにします。

スキル❹他の人と比べない

悪いことが起きたり、続いたりすると何で「家《うち》だけ」がとか「私だけ」がという気持ちになります。だれでも隣の芝生が青く見えてくるものです。でも、必ずしも他の人が悪いわけではありません。また、外から見えるものは真実かどうかわかりません。

人と競争したり恨んだりしても、結局は自分の気持ちがすさんだものになるだけです。**自分は自分**、とわりきって、できることを淡々と進めていきましょう。

スキル❺自分の好きなこと、リラックスできる時間をつくる

たとえわずかな時間でも、好きなコーヒーをゆっくりと飲んだり、楽しみにしているテレビを見ることができれば、後は忙しくてもやっていけるものです。自分の癒しの時間をつくったり、自分がくつろげる方法で**リラックス**できるようにしましょう。

何がくつろげるものか思い浮かばない場合や、何もしたくないときでも、思い切って何かをやってみることをお勧めします。鏡の前で思い切り笑顔をつくっても、背筋を伸ばして胸を張って歩くだけでも、気持ちが明るく押し上げられるものです。気持ちが姿勢や行動に影響を与えることもありますが、**姿勢や行動が気持ちを変えること**もあるので、とにかく何かしてみましょう。

スキル❻完ぺき主義は捨てる

何でもかんでもできるだけのことをしようと努力するのはすばらしいことです。ですが、いつも、どこでも、何でも、できることばかりとは限りません。気がつかないうちにストレスをためていることはよくあります。

できないときもあるという経験をしてみましょう。適度にルーズに、ちゃっかり、といったところもつくりましょう。何でも自分でやろうとしすぎると疲れてしまいます。**がんばりすぎ**は、結局は周りの人に迷惑をかけることが多いもの。適度に妥協するのも大切です。

スキル❼子どもをコントロールできないことを自覚する

子どものことを朝から晩まで心配しても、子どもは自分とは別の存在です。すべてをコントロールして、安全に管理できる存在ではありません。

子どもには子どもの考えがあります。任せなければならないところや任せられるところは、任せてみましょう。年齢にもよりますが、子ども自身が自分をコントロールできる力を育てていくように方向づけるためには、親のかかわりが大事です。

スキル❽自分のサポート源をキープする

子育ては精神的なものだけではなく、サポートがほしいものです。保育所、子育て支援センター、ベビーシッターさん。昔に比べたら、サポートしてくれる機関は本当に増えています。悩んでいるお母さん、お父さんを手助けしたいという人も多くなりました。一緒に子育てを楽しみましょうと、親同士のネットワークを張れるお母さん、お父さんも少なくありません。

それでも、心理相談をしていると、だれかに頼むことに罪悪感をもたれる方が今でもたくさんおられます。だれかに預けたり頼ってしまうことが、親としての資格を失うような、胸を張って歩けないような気持ちにさせてしまうようです。

でも、よく考えてください。昔から親だけで子どもを育て上げた人はいないのではないでしょうか。子どもの周りにはいつも多くの人がいて、子どもはそうしたたくさんの人とのかかわりの中でさまざまな経験をし、成長しています。親の知らないところで豊かな知恵をさずかりながら、たくましく成長しているのです。

大木の枝がたわむ余裕がなければ折れてしまうように、親は子どもにかかわるうえで心理的な余裕をもてるようにしたいものです。

東京都生活文化局　2002　青少年をとりまくメディア環境調査報告書
渡辺弥生　1992　幼児・児童における分配の公正さに関する研究　風間書房
渡辺弥生　1995　子どもの心がしぐさでわかる本　PHP研究所
渡辺弥生・丹羽洋子・篠田晴男・城谷ゆかり　2000　学校だからできる生徒指導・教育相談　北樹出版
渡辺弥生　2000　ソーシャルスキルトレーニング　日本文化科学社
渡辺弥生編　2001　ＶＬＦによる思いやり育成プログラム　図書文化社
渡辺弥生監修　2003　１歳から３歳児のしつけ方がわかる本　成美堂出版
渡辺弥生・瀧口ちひろ　1986　幼児の共感と母親の共感との関係　教育心理学研究，**34**(4),324-331.
山田州宏編　2004　看護スタッフのためのSST入門　黎明書房
山内昭道監修　太田光洋・平山裕一郎・渡辺弥生・熊澤幸子・松川秀夫編　子育て支援用語集　2005　同文書院

引用文献・参考文献

相川充　2000　人づきあいの技術――社会的スキルの心理学　サイエンス社

Christophersen, E.R., & Mortweet, S.L. 2003 *Parenting that works.* APA LifeTools.

Cohen, C. 2000 *Raise Your Child's Social IQ.* Advantage Books.

堀野緑・濱口佳和・宮下一博編　2002　子どものパーソナリティと社会性の発達　北大路書房

非行防止・犯罪の被害防止教育の内容を考える委員会　2004　非行防止教育及び被害防止教育に関する提言――子どもを被害者にも加害者にもしないために　東京都庁

小宮信夫監修　横矢真理著　危険回避・被害防止トレーニング・テキスト　2003　栄光

Matson, J.L., & Ollendick, T.H. 1988 *Enhancing Children's Social Skills.* Pergamon Press

日本子どもを守る会編　2000　子ども白書　2000年版　草土文化

日本赤十字社編　2002　幼児安全法講習教本　日赤会館

レックス・フォアハンド，ニコラス・ロング著　小羽俊士訳　2003　困った子が5週間で変わる――親にできる行動改善プログラム　日本評論社

レイ・バーク，ロン・ハロン著　野口啓示，ジョン・ウォン・リー訳　2002　親の目・子の目　トムソンラーニング

Rosenberg, M. 1965 *Society and Me Adolescent Self-Image.* Princeton University Press.

斎藤環　2003　若者の心のSOS　NHK人間講座　日本放送出版協会

Shadoin, L.M., Cook-Griffin, J., & Peterson, J.L. 1999 *Skills for Families Skills for Life.* Btpress.

トマス・ゴードン著　1998　近藤千恵訳　親業　大和書房

著 者 略 歴

渡辺弥生《わたなべやよい》

専門：発達心理学，発達臨床心理学，学校カウンセリング
　　　社会性や道徳性の発達，対人関係における問題行動の予防や対応について研究。
1987年筑波大学大学院博士課程心理学研究科修了
筑波大学心理学系，静岡大学教育学部を経て，現在，法政大学文学部教授。
学位：教育学博士（1989），臨床発達心理士，学校心理士
主著：「VLFによる思いやり育成プログラム」（図書文化社，編著）
　　　「ソーシャルスキルトレーニング」（日本文化科学社）
　　　「1歳から3歳児のしつけ方がわかる本」（成美堂出版，監修）
　　　「学校だからできる生徒指導・教育相談」（北樹出版，共著）
　　　「11歳の身の上相談――悩むわが子に元気と力を――」（講談社）
　　　「ウチの子，最近，手に負えない！――イライラと不安がなくなるハッピーな子育ての秘訣――」（すばる舎）
　　　「10代を育てるソーシャルスキル教育」（北樹出版，共編著）
　　　「子どものトラブルをいっきに解決！　絵本で育てるソーシャルスキル」（明治図書出版，編著）など

☆　お医者さんの待合室，電車の中，レストランで，いろいろなところでお母さんやお父さんが一生懸命子ども達にかかわっている姿を見かけます。「あっ，これはステキなかかわり方だな」と思うことがよくあります。ちょっとしたモデルから具体的なスキルを知り，救われることがあるものです。あれこれ考えすぎないで，やってみませんか。

ライブラリ　ソーシャルスキルを身につける－4
親子のためのソーシャルスキル

2005年6月25日© 初版発行
2009年12月25日 初版第3刷発行

著者　渡辺弥生　発行者　木下敏孝
印刷者　杉井康之
製本者　関川安博

発行所　株式会社　サイエンス社
〒151-0051 東京都渋谷区千駄ヶ谷1丁目3番25号
営業 ☎(03)5474-8500㈹　振替00170-7-2387
編集 ☎(03)5474-8700㈹
FAX ☎(03)5474-8900㈹

印刷　株式会社ディグ　製本　関川製本所
《検印省略》
本書の内容を無断で複写複製することは，著作者および出版者の権利を侵害することがありますので，その場合にはあらかじめ小社あて許諾をお求め下さい。
ISBN4-7819-1096-3

PRINTED IN JAPAN

サイエンス社のホームページのご案内.
http://www.saiensu.co.jp
ご意見・ご要望は
jinbun@saiensu.co.jp　まで.